Appui aux programmes associatifs des jeunes

Abdesselam El Mouket

Appui aux programmes associatifs des jeunes

Éditions universitaires européennes

Impressum / Mentions légales

Bibliografische Information der Deutschen Nationalbibliothek: Die Deutsche Nationalbibliothek verzeichnet diese Publikation in der Deutschen Nationalbibliografie; detaillierte bibliografische Daten sind im Internet über http://dnb.d-nb.de abrufbar.

Information bibliographique publiée par la Deutsche Nationalbibliothek: La Deutsche Nationalbibliothek inscrit cette publication à la Deutsche Nationalbibliografie; des données bibliographiques détaillées sont disponibles sur internet à l'adresse http://dnb.d-nb.de.

Coverbild / Photo de couverture: www.ingimage.com

Verlag / Editeur:
Éditions universitaires européennes
ist ein Imprint der / est une marque déposée de
OmniScriptum GmbH & Co. KG
Heinrich-Böcking-Str. 6-8, 66121 Saarbrücken, Deutschland / Allemagne
Email: info@editions-ue.com

Herstellung: siehe letzte Seite /
Impression: voir la dernière page
ISBN: 978-3-8417-4923-9

« Participation au Montage d'un Projet d'Appui aux Programmes Associatifs des Jeunes à Salé »

Appui aux programmes associatifs des jeunes

Auteur : EL MOUKET Abdesselam

REMERCIEMENTS

"Je remercie le Centre d'Appui au Développement Local (CADEL) à Salé pour son accueil et pour l'aide dont m'a bénéficié pour mener à bien mon stage ;

Je remercie l'équipe pédagogique de la licence Professionnelle Agent de Développement Social (ADS) pour le travail qu'elle mène, l'action dont elle est actrice est à considérer grandement car c'est une véritable chaîne de solidarité qui a été mise en place ;

Je remercie mon encadrant professionnel Monsieur Abdelkader Dounia, Président du Centre d'Appui au Développement Local (CADEL) ainsi que mon encadrante pédagogique Madame Noufissa EL MOUJADDIDI pour leurs accompagnement leurs assistance et leurs soutien tout en long de la période du stage".

LISTE DES ABREVIATIONS

Arr.   : Arrondissement

BM   : La Banque Mondial

HI   : Handicap International

ISS   : Interview Semi Structuré

PED   : Pays En Développement

ASC   : Animation Socioculturelle

RENFCAP : Renforcement des Capacités

ONE   : Office National d'Electricité

ISF   : Indice Synthétique de Fécondité

CHU   : Centre Hospitalier Universitaire

PCM   : Programmes Concertés au Maroc

CCT   : Comité de Concertation de Tabriquet

ONG   : Organisations Non Gouvernementales

ENFI   : Ecole Nationale Forestière d'Ingénieurs

CADEL   : Centre d'Appui au Développement Local

INDH   : Initiative Nationale pour le Développement Humain

AMEJ   : Association Marocaine pour l'Education de la Jeunesse

AMSED   : Association Marocaine de Solidarité et Développement

REDAL   : Régie de distribution de l'eau et l'électricité à Rabat/Salé

OCDE   : Organisation de Coopération et de développement Economique

PLAN DE TRAVAIL

Introduction

Chapitre 1 : Développement et jeunesse : Quels rapports ?

1. Qu'est ce que le développement ?

2. La jeunesse : Approches et définition.

3. Développement local et jeunesse : Quels liens ?

Chapitre 2 : La ville de Salé et le développement local

1. La ville de salé en chiffre

2. Bilan social de la ville de salé

3. Salé : L'action associative et la dynamique de développement local

Chapitre 3 : Présentation des Intervenants et Trame de Projet

4. Présentation de l'entité d'accueil «CADEL»

5. Présentation de La Fondation de France/Bailleur de fonds

6. Présentation de la trame de Projet

Chapitre 4 : La Promotion de l'Action Socioculturelle à Salé, Un Projet Porteur

1. Démarche du travail

2. Déroulement du travail

3. Présentation des résultats

Conclusion

Bibliographie

Annexes

INTRODUCTION

Ce mémoire de fin d'études s'inscrit dans le cadre de notre formation à la licence professionnelle « Agent de Développement Social » et c'est l'un des axes les plus importants de la filière, qui consiste à mettre en pratique nos acquis théoriques, et qui nous ouvre l'horizon vers le vrai professionnalisme, vers l'expertise auprès de différents acteurs locaux et internationaux qui interviennent dans le domaine de l'action social.

Le Maroc est un pays émergeant et son adhérence auprès des grandes organisations mondiales l'oblige à prendre le train de développement afin de s'intègre dans la dynamique du développement social, comme dans les autres secteurs de développement économique, politique, ce qui a suscité les grands représentants de l'Etat et les départements ministérielles, les acteurs locaux, ainsi que le simple citoyen de prendre part dans cette dynamique, la création de l'Agence de Développement Social (ADS), les Agences pour le Développement et la Promotion des Provinces du Nord et du Sud du Royaume et l'INDH peut être la preuve, l'engagement, la traduction et le résultat de ce mouvement multidimensionnel, ce dernier qui place l'être humain au centre de cette dynamique comme partenaire et finalité en même temps, et plus précisément les jeunes, ce qui nous pousse à poser la question suivante : Quelle est l'intention qui réside derrière cette orientation?

D'après les statistiques de la Banque Mondiale dans les pays en développement (PED), les jeunes constituent la partie la plus importante de la population mondiale, dont le nombre croît très rapidement. A l'échelle mondiale, les jeunes représentent 47 % de l'ensemble des chômeurs, les taux de chômage sont deux à trois fois plus élevés chez les jeunes que chez les adultes et 113 millions de jeunes sont analphabètes.

Représentant une population de plus d'un milliard de personnes, dont presque neuf sur dix vivent dans les PED, la jeunesse actuelle (15-24 ans) constitue la plus importante catégorie qui entre dans la phase de passage à la vie adulte.

Le fait que la plupart de ces jeunes grandissent dans des pays où le taux de dépendance est en baisse peut avoir, selon la BM, une incidence bénéfique sur la croissance, compte tenu du « dividende démographique ». Il est important donc, estime-t-on, d'investir davantage dans la jeunesse pour plusieurs raisons.

Il s'agit d'abord de développer le capital humain et de préserver les investissements dans la catégorie des enfants pour tirer les bénéfices après dans les autres catégories. La jeunesse constitue une étape de dont le rôle est décisif pour passer les autres étape de la vie avec succès« *Le développement du capital humain à cette étape de la vie est essentiel à la*

croissance, à la réduction de la pauvreté et à la préservation des investissements réalisés au cours de l'enfance », conclut-on[1].

Concernant les activités socio-éducatives et culturelles, les différents indicateurs montrent que les avancés relaissées en la matière ne sont pas encore à la hauteur des attentes des jeunes notamment ceux de la campagne (***Absence des maisons de jeunes, manque d'encadrement, absence d'activités sportives et culturelles*** *etc.*).

En effet, toute initiative à ce propos doit être un élément fédérateur autour duquel s'articule le projet de société qui détermine la vision commune et donne un sens aux activités socio-éducatives et culturelles de la jeunesse. Plusieurs axes d'orientations prioritaires peuvent êtres à la base de cette nouvelle vision :

1. La consolidation et/ou le renforcement de l'unité nationale visant à donner aux jeunes le sentiment d'appartenir à une Nation, patrimoine et héritage communs à toutes les composantes du peuple marocain ;

2. La valorisation des activités extra, post et péri scolaires (activités socio-éducatives et culturelles, sportives et des loisirs) ;

3. L'accès au marché du travail et de l'emploi et l'amélioration de la qualité de l'insertion sociale et économique de la jeunesse ;

4. « ***La construction des infrastructures et des équipements d'animation socio-éducative et culturelle de la jeunesse*** »[2].

Les défis à relever pour le Maroc sont, aux delà de la formation des jeunes et leurs insertion dans le marché d'emploi, c'est comment canaliser leurs savoir et leurs créativité naturelle pour stimuler la croissance économique et produire des effets bénéfiques durables.

Plusieurs initiatives à caractère local, national et international ont eu lieu la ville de Salé, sur le plan socioculturel local on peut citer à titre d'exemple *l'Association Bouregreg*[3] avec un ensemble d'activités en faveur de la jeunesse locale tel que l'organisation des festivals de chant, musique, danse et du théâtre tout au long de son existence, ainsi que l'organisation des

---

[1] Rachid BEDDAOU / Doctorant en Economie / Président du Forum de la Jeunesse Rurale / Pour une politique publique de la jeunesse au Maroc / Publié le 22-08-2008 / http : // www.tanmia.ma / article.php3? id_article=15152&lang=fr.

[2] Rachid BEDDAOU / Doctorant en Economie/Président du Forum de la Jeunesse Rurale/Pour une politique publique de la jeunesse au Maroc/Publié le 22-08-2008/ http://www.tanmia.ma/ article.php3?id_article=16777 & lang=fr.

[3] L'association ***Bouregreg*** est une organisation non gouvernementale Marocaine, d'utilité publique et dotée du statut d'observateur auprès de l'Organisation Mondiale de la Propriété Intellectuelle. Activités: Droits humains, économiques, sociaux, culturels. Renforcement des capacités des populations. Cibles: Les Populations défavorisées, les femmes, les enfants et les jeunes.

colonies de vacances au profit des enfants et adolescents âgés de 14 à 18ans de différentes catégories sociales, l'importance de citer cet exemple c'est parce que association accueille et encadre les jeunes de la ville dans l'ASC, afin que ces derniers encadrent de leur tour des enfants et adolescents au cours des périodes de séjours à la colonie de vacances.

L'AMEJ[4] en tant que pôle de développement local à salé a contribuée au processus de l'animation socioculturelle avec une infinité d'activités et événements ainsi que le montage de plusieurs projets dont le plus récent est le projet de « formation des cadres associatifs en leadership » qui date le 20 Décembre 2006 en collaboration avec le groupe de travail jeunesse du Comité de Concertation de Tabriquet (CCT[5]).

Sur le plan international *Enda Maghreb*[6] a contribuée au développement local avec deux projets : le projet « PCM – Programme Concerté Maroc RENFCAP Renforcement des capacités des acteurs locaux au service d'une citoyenneté active et d'une gouvernance participative au Maroc» 2002-2005, et le Projet Quartiers du Monde. ENDA Maghreb accompagne les acteurs de trois collectivités locales de la ville de Salé, au sein desquelles la prégnance des problématiques socio-économiques et environnementales a poussé les acteurs publics et civils à se mobiliser pour prendre en charge leur développement. Par le biais de partenariats multiples (ministères et agences d'Etat, universités, opérateurs économiques, ONG), différentes initiatives ont ainsi été mises en oeuvre au travers d'un important travail de proximité impliquant les différentes autorités et les populations des collectivités de Salé Bab Lamrissa, Tabriquet, Laâyayda. Enda Maghreb a ainsi mené avec des partenaires nationaux (associations locales, ministères marocains) et multilatéraux (Union Européenne, Services de coopération) plusieurs programmes.

L'étape de la jeunesse est une étape très sensible et très importante, caractérisée par le dynamisme, la volonté du changement et du développement pour améliorer les conditions de vie.

Cependant, cette étape constitue trop de risques si on ne savait pas la contrôler, parce que il y a énormément de menaces pour les jeunes et notamment ceux en situation de précarité (crimes, toxicomanie, délinquance…etc.).

---

[4] Association Marocaine pour l'Education de la Jeunesse - Salé.
[5] Le CCT organe composite de concertation entre les associations et les services déconcentrés et décentralisés au niveau local, abrite 5 groupes e travail thématiques et un comité de pilotage.
[6] Enda Maghreb est l'antenne décentralisée de l'ONG ENDA Tiers Monde, créée en 1972 et dont le siège est basée à Dakar (Sénégal). Enda a pour objectif principal « la lutte contre la pauvreté pour un développement durable ». ENDA Tiers Monde a le statut consultatif auprès du Conseil Economique et Social des Nations Unies (ECOSOC).

Dans la perspective de réinsérer les jeunes dans leurs environnements, en exploitant de plus en plus leurs créativités et leurs énergies foudroyantes dans tous les domaines de la vie, il vient ce projet, qui cible les jeunes de la ville de salé et surtout les jeunes en situation précaire en raison de favoriser l'action socioculturelle ce qui crée toutes les conditions favorables pour développer la ville en tout domaine.

Pour conclure, il s'avère important de synthétiser le sujet ou la problématique de mon stage en posant ces deux questions. Premièrement et en rapport avec la démarche de travail, il importe de se demander si l'ISS est l'outil adéquat pour ce genre de projet ou de problématiques ceci en évoquant ses avantages et ses limites ou contraintes?

En second lieu, il parait nécessaire de s'interroger sur la capacité du projet à répondre effectivement aux besoins des jeunes et qu'il va réaliser ses objectifs majeurs?

Pour arriver aux objectifs souhaités, je mènerai mon étude en quatre principaux chapitres décrits succinctement comme suite :

- **Un premier chapitre** exclusivement consacré à la présentation du problématique, le modèle hypothétique, et au cadre théorique qui aura la tâche d'expliciter les concepts et notions clés relatives à notre thème d'étude.

- **Dans le deuxième chapitre**, je vais essayer de parler du bilan social de la ville de salé, ainsi que des initiatives en matière de développement qu'elle a connue, en plus de la situation actuelle.

- **Dans un troisième chapitre,** je vais présenter l'organise d'accueil (CADEL) et la Fondation de France comme étant le bailleur de fond principal du projet à monter, ainsi que la présentation de la trame de projet.

- **Et Enfin, le quatrième chapitre** sera consacré à l'environnement général du projet dont j'ai participé dans son montage ainsi que les résultats obtenues à travers le diagnostic participatif réalisé.

CHAPITRE I : DEVELOPPEMENT ET JEUNESSE, QUELS RAPPORTS ?

1. Qu'est ce que le Développement ?

1.1 DEFINITION :

La définition du concept de DEVELOPPEMENT est très diversifiée et se heurte parfois à des versions quelque peu divergentes.

Mais d'une façon générale, on peut définir le développement comme étant un processus politique, social et économique cohérents et harmonieux engendrant un état de vie, d'être et de pensée favorables à l'amélioration durable et désirée des conditions de vie ; et tout ce-ci se caractérisant et s'appréciant par rapport à des références communément admises.

OAKLEY ET GARFORTH (1986) cité par HAMMANI (1997), estiment que le développement évoque une certaine forme d'action, ou d'intervention propre à influencer sur le processus général de transformation sociale. Il s'agit d'un concept dynamique qui suppose que l'on modifie les données d'une situation antérieure ou que l'on s'en éloigne. Ils ajoutent que le processus de développement peut prendre des formes variées et tendre vers toutes sortes d'objectifs.

C'est dans le même sens et dans le contexte de conception de projet de développement rural que BOUKHARI (1997) estime que : «le développement est un changement de l'environnement (aménagement et équipement) et de CAP (connaissances, attitudes et pratiques)». (HAFID 2003).

On perçoit par ces différentes approches qu'il n'existe pas de définition universelle communément admise qui puisse réellement cerner tous les aspects de ce concept qui se veut davantage dynamique et relatif à un contexte.

En effet l'on voit de plus en plus des attributs qui se greffent au développement afin de l'adapter aux différentes réalités du monde contemporain. Nous faisons allusion à des concepts comme le développement durable, le développement genre, le développement participatif, le développement rural…

1.2 ORIGINE DU CONCEPT

Le concept de développement a vu le jour au cours de ces quarante dernières années et a fait l'objet d'innombrables réflexions, études, précisions et critiques lui faisant connaître de nombreux apports théoriques.

Mais d'une façon générale, le concept est resté marqué par son origine. En effet il a été établi au début pour être appliqué à une partie de l'humanité, celle qui était destinée à grandir, celle qui était enfant ou adolescent pendant la Guerre et qu'il fallait aider (comme on aide un enfant) pour atteindre la maturité. L'aide au développement des "pauvres" a été le revers de la médaille des vrais investissements chez les "riches".

AROCENA (2002) affirmait à ce sujet que « Ceux qui ont proposé l'utilisation de cette notion se sont considérés eux-mêmes comme "développés", c'est-à-dire, comme appartenant à des sociétés ayant atteint l'âge mûr. Ils devaient alors étendre les bénéfices de la maturité à toute la planète »

1.3   DEFINITION DE CONCEPTS INCLUANT LE DEVELOPPEMENT

Comme nous l'avons cité ci-dessus, le concept du développement se voit de plus en plus joindre de nouveaux qualificatifs dont nous essayerons d'expliciter certains comme suite :

1.3.1   Le développement durable.

Le concept de développement durable a fait l'objet d'une première définition dans le rapport établi à la demande des Nations Unies en 1987 par la Commission mondiale sur l'Environnement et le Développement. C'est une commission d'experts internationaux présidée par le Premier ministre norvégien GRO HARLEM BRUNDTLAND, mieux connue sous le nom de Commission BRUNDTLAND. Selon cette dernière "Le développement durable répond aux besoins du présent sans compromettre la capacité des générations futures de répondre à leurs propres besoins".

Le concept de développement durable tente donc de réconcilier des domaines aussi différents que l'économie et l'écologie, tout en veillant à une répartition équitable entre les générations, ainsi qu'entre le Nord et le Sud. En effet, les activités économiques vitales ne tiennent pas compte des limitations environnementales, elles altèrent à terme leur propre base nourricière et, par la même occasion, mettent en péril la base écologique des ressources permettant aux générations futures de répondre à leurs besoins.

1.3.2   Le développement participatif.

Le développement participatif, basé sur le principe de l'approche participative sous-entend une vision du développement qui accorde une place privilégiée à l'implication des populations à la définition des problèmes locaux, à l'identification des solutions et à leur mise en oeuvre, afin de contribuer à donner plus d'efficacité et de durabilité aux programmes qui en résultent. C'est dans ce sens que BOUKHARI (1995 affirme que « le principe fondamental de la participation : c'est le partage de savoir et de pouvoir ». Il continue en disant que « Dans une approche participative la population n'est pas un gisement d'information mais un partenaire avec qui il faut échanger et partager l'information utile… » « …la participation, c'est penser et faire **avec** et non **pour**, c'est la responsabilisation, la concertation et la négociation ».

L'émergence de ce concept en Afrique, à la fin des années 1970 (début 1980), découle du constat des limites des stratégies de développement adoptées au cours des deux premières décennies des périodes postcoloniales. Ces approches qui étaient centralisées et verticales, ne laissaient aucune place à une participation des populations aux processus de prise de décisions.

Au contraire, l'Etat s'est positionné comme étant en mesure de définir lui-même les besoins des populations et de décider des actions nécessaires pour les satisfaire alors que le seul moyen de réussir une politique c'est d'en confier la réalisation à ceux qui ont intérêt qu'elle réussisse.

Avec une vision plus globale, l'OCDE (1989) précise que « le développement participatif suppose davantage de démocratie, un plus grand rôle pour les organisations locales, une plus grande autonomie administrative, le respect des droits de la personnes humaine, y compris les systèmes juridiques efficaces et accessibles… »

1.3.3 Le développement agricole.

MORIZE (1992) avance que « le développement agricole consiste essentiellement à augmenter le volume des récoltes, globalement ou pour certains produits seulement. Cette augmentation se fait en augmentant les rendement par une meilleures utilisation des terres ou des autres facteurs limitants ».

De nos jours, le développement agricole inclue davantage la notion de durabilité pour protéger l'environnement, et de qualité pour améliorer le régime alimentaire des populations ou pour répondre aux exigences du marché.

La vulgarisation agricole est un moteur clé du développement agricole puisque ce dernier passe inconditionnellement par l'introduction de nouvelles productions (animales et végétales), par l'amélioration des techniques de production et par l'information et la formation des agriculteurs.

1.3.4 Le développement rural.

Le développement rural est la transformation positive et durable du milieu rural en faveur du facteur humain et des différentes activités in situ, en particulier l'activité agricole, par la mise en place ou le renforcement des infrastructures de bases nécessaires.

Selon MORIZE (1992): «Le développement rural consiste à améliorer tout l'environnement de l'agriculteur, considéré cette fois comme le principal bénéficiaire. Il porte à la fois sur les routes, les villages, la santé, l'éducation et sur tous les services économiques et sociaux susceptibles d'améliorer non seulement la fonction productive, mais aussi le bien être social ».

Ces différentes définitions mettent en évidence la forte corrélation qui existe entre le développement rural qui est un aménagement de l'espace rural et le développement agricole qui est augmentation des rendements des activités agricoles. On perçoit en effet que le développement rural est infrastructurel et cela constitue une base incontestablement importante pour asseoir un développement agricole solide.

1.3.5 Le développement intégré.

MORIZE (1992) avance que « le développement intégré est un développement logique et rationnel, visant dans un but de croissance, tous les aspects qui dépendent les uns des autres, de manière à n'oublier aucune des conditions nécessaires à ce développement ».

Le développement intégré a alors une vision globale et systémique dans les approches, contrairement à l'approche sectorielle. En effet le développement intégré, global ou systémique considère le milieu d'intervention comme un système c'est-à-dire comme « un ensemble d'éléments interactifs, organisés et finalisés » (BOUKHARI, cours 2003).

La prise en compte effective de ces différents éléments comme un tout indissociable dans les démarches, est un impératif qui permettrait de réduire au maximum les risques d'échec et de contribuer par conséquent à la réalisation des résultats satisfaisants dans les différentes actions de développement.

1.3.6 Le développement local.

Le développement local est né du constat que les politiques macro-économiques et les mesures sectorielles nationales ne s'avèrent pas très efficaces pour résoudre les problèmes qui se posent chaque jour à l'échelle locale et régionale en matière de développement économique et social.

C'est dans ce sens que VACHON (2001) pense que l'approche du développement local est originale parce qu'elle permet de mobiliser et de stimuler les éléments dynamiques et les ressources de la collectivité en vue de susciter de nouveaux projets, de déclencher et d'accompagner les processus individuels et collectifs de changement et de développement.

Selon lui, l'impulsion ne viendra pas de l'extérieur mais de l'intérieur et pour ce faire, un ensemble d'actions seront engagées pour mettre le territoire en état de se développer et dès lors, de générer des initiatives créatrices d'emplois.

Il est tout de même important de préciser que le développement local endogène n'exclut pas d'aide venant "d'en haut". La complémentarité des niveaux endogène et exogène est indispensable. En effet, le premier niveau (endogène) mobilise la population, stimule les idées innovantes, élabore des projets, met en valeur les ressources disponibles, rehausse la volonté et la capacité d'agir, tandis que le second niveau (exogène) procurent les aides en matière d'investissement structurant, de formation, de financement, de support technique, de pouvoir décentralisé... Le développement local apparaît ainsi comme le lieu de rencontre entre ce qui vient de la base et ce qui vient des paliers supérieurs.

On constate par les propos précédents que le développement local repose essentiellement sur la mobilisation et la valorisation des potentialités d'un milieu qui refuse la fatalité de l'exclusion et tente de trouver des solutions à la précarité et à la pauvreté en relevant le défi de l'emploi et du développement. La démarche est basée sur les potentialités locales qui sont les différentes organisations, activités et ressources locales. A ce propos, ZANA (2003) estime que «la mobilisation des ressources locales doit précéder tout recours à l'appui des donateurs extérieurs».

1.4   CONCLUSION

Après cette série de définitions relatives au développement, il est évident que le mot quelque soit le qualitatif attribué, se rapporte toujours au changement, à la transformation à l'amélioration d'une situation à une autre jugée préférable.

Il est un processus qui a besoin d'une méthode pour que l'esprit du concept «sorte de lui même» pour se concrétiser en réalité sur le terrain. Pour cela il faudrait oeuvrer davantage pour l'élaboration de projets de développement pertinents. Ce travail doit se faire avec des stratégies bien élaborées et des objectifs réalistes sous des conditions privilégiant la démocratie, la justice sociale, la transparence, et la bonne gouvernance.

Les coopérations partenariales au développement doivent se revêtir de nouveaux principes favorisant des interventions répondant aux préoccupations réelles des populations qui sont les seules à pouvoir exprimer correctement leurs besoins.

A ce propos, MENHATMA GANDHI affirmait que : « **ce que vous faites pour moi mais sans moi, vous le faites contre moi** ».

2. La Jeunesse : Approche et Définition

L'approche la plus commune et la plus ancienne de la jeunesse se fonde sur des critères d'âge. S'il s'agit d'une méthode de classement commode, elle est forcément arbitraire et réductrice : s'agit-il des 15-20 ans, des 18-25 ans, des moins de 30 ans ? Les politiques publiques en direction de la jeunesse opèrent différemment d'un ministère ou d'un organisme à l'autre, la logique de chaque organisation conditionnant la tranche d'âge. Il ne s'agit assurément pas là d'une approche scientifique valide. Ces critères d'âge se heurtent en fait à l'incertitude quant à la délimitation de la jeunesse. Souvent définie par défaut en fonction des âges qui la précèdent ou qui la suivent elle pose un problème de bornage. Finalement la définition romaine du *juvenes*, celui qui n'est plus adolescent mais pas encore adulte, celui qui n'est pas encore socialement et matériellement indépendant apparaît plus juste qu'une définition couperet par l'âge.

Une autre approche plus dynamique est l'approche sociologique basée sur une théorie des cycles d'existence. Cette approche est celle développée et étudiée depuis une cinquantaine d'années dans les pays anglo-saxons et au Québec. La jeunesse vue sous cet angle est un temps de transition, de passage marqué par des étapes repérables conduisant à « l'âge adulte ». Cette approche est reprise et développée dans les années 1990 par Olivier Galland, qui fait référence en matière de sociologie de la jeunesse en France. Il distingue ainsi quatre phases successives : la fin des études, le départ du domicile familial, l'insertion dans le marché du travail, la formation d'un couple ; chaque individu mettant en jeu ces différentes phases en fonction de son libre arbitre. Les différents moments marquent la réalisation de différentes indépendances. La limite de ces modèles est qu'ils se basent sur une référence qui est « l'âge adulte », lequel n'est plus linéaire mais instable, flexible, fait d'allers et retours. L'évolution de l'insertion des jeunes dans les sociétés occidentales amène une remise en cause : les étapes censées jalonner l'entrée dans la vie adulte ne sont plus aussi nettes.

Une troisième approche tenant compte à la fois de la désynchronisation des phases d'insertion et des nuances apportées à une notion figée de l'âge adulte est l'approche processuelle. Le temps de la jeunesse est alors mis en perspective par rapport au processus d'autonomisation d'une part du point de vue de l'insertion, d'autre part du point de vue de la chaîne des générations. Dans cette perspective les éléments constitutifs de la jeunesse sont faits de socialisations, de construction d'identités, d'autonomisation mais aussi d'inscriptions générationnelles. Cette démarche en terme de processus gomme les bornes et les étapes au profit de notions de flux et de dynamique. L'expérimentation se révèle le canal par lequel les jeunes s'intègrent à la société et deviennent des citoyens. Par parenthèse, cette approche remet singulièrement en cause les politiques tournées vers une jeunesse bornée arbitrairement par des âges, et plaide pour une refonte des actions basée sur l'analyse des processus et des rapports sociaux. L'éclatement et la diversité des situations des jeunes amène une interrogation majeure. Peut-on parler encore parler de la jeunesse ? Une telle approche signifie qu'il existe une série de dénominateurs communs, d'éléments cristallisants permettant de distinguer clairement comme groupe social « la jeunesse ». Or nous sommes en face du constat d'attitudes et de comportements juvéniles de plus en plus individualisés, avec un effacement des bornes-frontières délimitant la jeunesse en tant que groupe spécifique. En cherchant à opérer un tri en fonction des logiques d'identification et de distinction, l'aboutissement est d'éclater le groupe homogène la jeunesse pour aboutir sur les jeunesses, composée de sous-groupes hétérogènes : les jeunes des banlieues, les jeunes travailleurs, les étudiants... C'est la dissolution des catégories la et les jeunesse(s). L'individualisation est dynamique et instable, elle est liée à des effets d'âge, de sexe ou de classe et peut varier pour un même individu en fonction du moment. Dans ce contexte fluctuant il devient difficile d'effectuer des regroupements et d'affecter aux individus des catégories. Force est de constater qu'avec cette individualisation des parcours émerge une nouvelle entité "les jeunes", qui vient remplacer le modèle dépassé qu'est "la jeunesse".

3. *Développement et jeunesse : Quels liens ?*

Le développement d'une localité et le résultat de l'interaction de plusieurs caractéristiques : son histoire, sa structure socioéconomique, *socioculturelle*, sociopolitique, etc. l'être humain (est surtout la jeunesse qualifiée) représente la pesanteur et l'axe de symétrie afin de maintenir l'équilibre dans la nouvelle vision de développement, la jeunesse joue un rôle considérable dans la perspective du développement. Aujourd'hui, un cinquième de la population mondiale, soit plus de 1,2 milliard d'êtres humains, est composé de jeunes de 15 à 24 ans. Et 85 % d'entre eux vivent dans les pays en développement. Aucun autre groupe de population ne dispose d'un pareil potentiel pour faire progresser de façon décisive le développement mondial et réduire durablement la pauvreté.

Les perspectives du développement et la réussite des changements socio-économiques dépendent des conditions de socialisation et de développement de la jeune génération. De ce fait, la mise en œuvre des projets d'appui en faveur des jeunes quelle que soient leur région, leur statut social et matériel, leur sexe, leur éducation et la nature de leur activité est devenue une nécessité impérieuse. La population marocaine totalise aujourd'hui 11 million de jeunes dont la tranche d'âge se situe entre 15 et 35 ans (38% de la population totale). Aujourd'hui, la situation nationale de la jeunesse est caractérisée par des paradoxes saisissants, des disparités extrêmes en terme de ressources économiques, technologiques, sociales et culturelles qui différent considérablement selon les régions, le genre et la situation sociale de la famille. Le poids démographique de cette catégorie est révélateur de l'importance de ses besoins en matière d'éducation et de formation, d'emploi et d'intégration dans le processus de développement, et si nous entendons avoir une chance de remédier ces erreurs et ces cumules afin de réaliser les objectifs du développement, nous devons dès aujourd'hui nous investir davantage à tous les niveaux en faveur de l'enfance et de la jeunesse.

De ce constat, soutenir l'épanouissement du potentiel de la jeunesse et contribuer à améliorer ses conditions de vie reste la bonne route pour aboutir au développement et par conséquent au bien être humain.

CHAPITRE II : LA VILLE DE SALE ET LE DEVELOPEMENT LOCAL

1. La ville de salé en chiffre

Salé سلا		Localisation
Pays	Maroc ⭐	
Région	Rabat Salé Zemmour Zaër	
Province	Province de Salé	
Code postal	11000	
Latitude	34° 01′ 46″ N	
Longitude	6° 50′ 09″ O	
Population	*(2007)* *903 485* hab.	
Maire	Driss Sentissi	
Gouverneur	Mohamed Sabri	
Fiche technique de la ville de Salé		**Salé** (سلا) est une ville du Maroc située à l'embouchure du Bouregreg, en face de Rabat.

La préfecture de Salé s'inscrit dans la région fortement urbanisée de Rabat Salé Zemmour Zaër (81%). Elle accueille près de 43% des 1 902 568 que compte la région. Avec 814 871 habitants, soit 168 497ménages en 2004, elle présente un taux d'urbanisation de 93,3%.

1.1 La population urbaine de Salé représente à elle seule 39,5% de la population urbaine de la région

La population urbaine de la préfecture se concentre essentiellement sur la municipalité de Salé (98,7%). Ces 751.572 habitants, soit 158.260 ménages, sont répartis sur 5 arrondissements, définis dans le cadre de l'unité de la ville, adoptée lors de la charte communale en 2003. La population urbaine de Salé représente à elle seule (39,5%) de la population urbaine de la région.

1.2 La taille moyenne des ménages de Salé est de 4,6 personnes

La taille moyenne des ménages est de 4 ,6 individus. Elle est très légèrement supérieure à celle du milieu urbain de la région Rabat Salé Zemmour Zaër (4,6) mais inférieure à celle du milieu urbain national. Le tableau suivant récapitule les données sur la répartition des habitants par arrondissement. Il donne aussi le nombre de ménages, la taille moyenne du ménage et le taux de croissement par arrondissement.

arrondissement	population	ménages	taille moyenne	taux d'accroissement (%)
Bab Lamrissa	139 744	31 744	4,4	2,1
Bettana	98 751	21 200	4,7	0,1
Hssein	63 588	34 971	4,7	8,1
Laâyayda	114 799	21 238	5,4	3,5
Tabriquet	234 690	49 107	4,8	1,4
Total	751 572	158 260	4,8	2,0

Source : Haut Commissariat au Plan (recensement 2004)
Tableau 1 : répartition de la population de Salé par Arrondissement

1.3   Une ville appelée à devenir millionnaire à l'horizon 2020.

La population est diversement répartie selon les arrondissements. **Tabriquet** est le plus peuplé, suivi de **Hssein** et **Bab Lamrissa**, puis **Laâyayda** et **Bettana**. L'accroissement actuel de la population au sein de la municipalité est de l'ordre de 3%, Il est passé de 75 799 habitants en 1960 à 751 572 habitants en 2004, soit une population multipliée par 10 en 44 ans. Au rythme actuel de croissance, les quelque 21.000 urbains qui s'ajoutent chaque année dans la ville devraient faire de Salé une *ville millionnaire* à l'horizon 2020.

1.4   L'accroissement général de la population est lié en grande partie à la migration

En raison de la proximité de la capitale politique, Rabat, et de la capitale économique, Casablanca, la ville de Salé draine, depuis fort longtemps, des flux à l'échelle nationale et régionale. Durant la période 1982-1994, l'accroissement général de la population, qui est de 203 701 habitants, a pu être décomposé pour 65,2% à la migration, 25,1% à l'accroissement naturel et 9,7% à l'annexion de nouveaux territoires par le périmètre urbain élargi. Pour la période censitaire 1994-2004, il est difficile d'évaluer l'évolution de cette dynamique et de ces flux. Néanmoins, le ralentissement de l'accroissement de la population de la municipalité de Salé, qui se traduit par la diminution de 38 548 habitants par rapport à la période intercensitaire précédente, est à mettre en relation avec au moins deux facteurs :

1. le recul de *l'indice synthétique de fécondité*[7] (ISF), qui est de l'ordre de 2,1% en 2004 contre 2,9 en 1994 à l'échelle de la municipalité;

2. le fait que probablement les centres périphériques ont continué à drainer une partie des flux.

---

[7] Nombre moyen d'enfants qui seraient nés vivants au cours de la vie d'une femme (ou d'un groupe de femmes) si les années de procréation de celle-ci étaient conformes aux taux de fécondité selon l'âge d'une année donnée. Cet indice est parfois utilisé pour établir la moyenne actuelle du nombre d'enfants par femme.

1.5 Les taux d'accroissement soutenus sont enregistrés dans la périphérie de la municipalité

La commune rurale de Bouknadel enregistre un taux d'accroissement soutenu avec 3,1% et un ISF de 2,8. L'arrondissement de Laâyayda, situé à la limite du front d'urbanisation, enregistre un taux d'accroissement de 3,5%. Cependant, le taux de croissance le plus élevé est enregistré dans la commune d'Hssein avec un taux de 8,1% et une fécondité soutenue avec un ISF de 2,2. Celle de Shoul, par contre, bien qu'ayant un ISF soutenu de 2,7, a perdu de la population entre 1994 et 2004 et enregistre un taux d'accroissement négatif de -0,1%. L'arrondissement de Bâb Lamrissa, qui regroupe la médina et Sidi Moussa continue, grâce à ces fonctions centrales, d'être attractif. Il conserve un accroissement non négligeable de 2,1% mais avec un modeste ISF de 1,9. L'arrondissement de Bettana, pour sa part, n'a pas connu d'augmentation significative de la population (0,1%) et présente l'ISF le plus faible de la municipalité (1,8).

1.6 Une répartition de la population quasi-égalitaire entre hommes et femmes

La répartition de la population de Salé est répartie de façon presque égale entre les hommes et les femmes qui représentent respectivement 49,5% et 50,5% soit 376635 d'hommes et 384 251 de femmes.

1.7 Une population jeune, 30% des habitants ont moins de 14 ans

La population de Salé est très jeune. En effet 30% de la population a moins de 14 ans soit 220 701 répartie entre 112 082 hommes (14,8% de l'effectif masculin) et 108 619 femmes (14,3% de l'effectif féminin). Alors que les habitants de 60 ans est plus ne dépasse pas 6,1% de la population, soit 46 766 habitants (22 512hommes et 24 254 femmes).

1.8 53,2% de la population âgée de 15 ans et plus sont mariés avec un âge moyen au premier mariage de 29,2 ans

Pour ce qui est de l'état matrimonial de la population de Salé âgée de 15 ans et plus, 53,2% sont mariés et 40,1% sont célibataires. En ce qui concerne l'âge au premier mariage, l'âge moyen pour les hommes est de 31,8 ans et pour les femmes est de 26,9ans. Les tableaux 2 et 3 suivants illustrent clairement l'état matrimonial de la ville de Salé :

masculin	31,80
féminin	26,90
total	29,35

Tableau 2 : Age moyen au premier mariage de la population de la ville de Salé âgée de 15 ans et plus selon le sexe

état matrimonial	masculin	féminin	ensemble
célibataire	45,2	35,3	40,25
mariés	53,4	53	53,2
divorcés	0,7	3,2	2
Veufs	0,7	8,4	4,55

Tableau 3 : Population de la ville de salé âgée de 15 ans et plus selon l'état matrimonial et le sexe

Avec les grands projets qui viennent d'être inaugurés tels que : Bouregreg, la corniche de Rabat, etc. la ville de Salé drainera probablement encore plus de flux et verra, par conséquent, sa population augmentée.

2. Bilan social de la ville de salé

2.1 Les équipements en eau potable et en électricité

Concernant le domaine d'équipement en eau et électricité, le taux de branchement en eau potable est en nette progression, quant à l'électrification, elle est quasi généralisée et les infrastructures permettent de répondre à la demande.

En effet, les cinq arrondissements qui composent la ville de Salé présentent des pourcentages d'équipements de base (eau potable, électricité et réseau public d'eaux usées) très supérieurs aux moyennes enregistrées à l'échelle régionale et nationale (voir le tableau N° 1 suivant).

	Eau potable	Electricité	Réseau public eaux usées
Arr.* Bab Lamrissa	*91,8*	*93,1*	*92,6*
Arr. Bettana	*88,1*	*88,3*	*88,3*
Arr. Hssein	*91,1*	*94,3*	*88,9*
Arr. Laâyayda	*73,6*	*78,4*	*85,5*
Arr. Tabriquet	*92,7*	*92,7*	*92,8*
Municipalité de Salé	*89*	*90,6*	*90,3*
Municipalité de Rabat	91,8	93	90,7
Préfecture de Salé	*84,5*	*87,7*	*87,3*
Région RSZZ**	73,1	76	71,1
Maroc	57,5	71,6	48

Source : résultats en ligne sur le site du haut commissariat au plan : www .hcp .ma
* : Arr. : Arrondissement

** : RSZZ : Rabat-Salé-Zemmour-Zaër

Les besoins en eau de la ville de Salé sont satisfaits à partir de la station de traitement de Bouregreg et la station de captage de Fouarat. Depuis 1998, la gestion de l'eau potable, de l'électricité et de l'assainissement liquide a été déléguée pour une durée de 30 ans au secteur privé (la REDAL). La REDAL (VEOLIA actuellement) est tenue par obligation contractuelle à la généralisation de l'accès au service de l'eau à tous les ménages. Quant à l'accès au service de l'électricité, les infrastructures permettent de répondre à la demande. En effet, l'ONE (l'Office National d'Electricité) a mis en service un poste d'interconnexion 225/60kv et construit deux lignes 60kv afin d'assurer l'alimentation et de sécuriser l'approvisionnement de la ville. Ainsi, comme en témoignent les chiffres dans le tableau ci-dessus, L'électrification est quasi généralisée à toute la ville.

Pour ce qui est de l'assainissement liquide, les pouvoirs publics se sont fixés trois objectifs : protéger le milieu naturel contre la pollution provenant des rejets d'eaux usées ; améliorer la qualité de la vie des habitants en renforçant l'assainissement pluvial et préserver l'hygiène publique.

Plusieurs travaux en la matière ont été engagés. La dépollution du littoral de l'oued Bouregreg apparaît comme le projet phare. Il s'agit de mettre en place des infrastructures pour collecter et traiter l'ensemble des eaux usées de Rabat-Salé.

2.2 Infrastructure médicale

Salé est une destination qui sert l'ensemble des prestations médicales.

En plus de sa proximité de la capitale qui rassemble des unités médicales, en particulier ses Centres Hospitaliers Universitaires (CHU), couvrant l'ensemble des spécialités et dont la notoriété des compétences dépasse les frontières nationales, la ville de Salé est doté d'un tissu médical composé d'hôpitaux, de cliniques et de centres spécialisés (cardiologie et ophtalmologie, radiologie, néphrologie, hémodialyse). A Salé, toutes les prestations médicales sont présentes depuis le traitement des urgences, les examens de radiologie et laboratoires jusqu'aux services de réanimation.

2.3 Enseignement et formation professionnelle

Dans le domaine de l'enseignement et la formation professionnelle, la ville de Salé dispose d'une structure socio-éducative assez importante. Elle profite aussi de sa situation riveraine de la ville Rabat qui est une ville universitaire par excellence. Ainsi, les habitants trouvent les moyens pour répondre à leur besoin en matière de l'enseignement.

L'infrastructure de Salé en matière d'enseignement primaire et secondaire compte *833 établissements du préscolaire, près de 160 écoles primaires, 42 collèges et 19 structures de l'enseignement secondaire qualifiant.*

Le secteur privé participe au développement de ce secteur avec une vingtaine d'établissements primaires, 7 collèges et 13 structures de l'enseignement qualifiant.

2.4 Salé accueille des établissements supérieurs à vocation nationale

En ce qui concerne l'enseignement supérieur, Salé accueille des établissements à vocation nationale en l'occurrence L'Ecole Nationale Forestière d'Ingénieurs (ENFI) et l'Institut Royal de la Formation des Cadres de la Jeunesse et des sports. De plus, la ville de Salé accueille la faculté des Sciences Juridiques, Economiques et Sociales sise à Sala Al Jadida et l'école supérieure de technologie. Les établissements de formation professionnelle sont au nombre de 61 dont 48 établissements relevant du secteur privé. Les deux instituts spécialisés de technologie appliquée de Hay Es Salam et de Sala AL Jadida constituent l'épine dorsale de la formation professionnelle à Salé et constituent des passerelles directes vers le monde du travail.

En plus de ces établissements, la ville dispose de 5 centres d'éducation et de formation qui relèvent de l'entraide nationale qui dispensent des cours d'alphabétisation et de l'apprentissage des métiers dédiés aux jeunes femmes et filles issues de familles défavorisée

2.5 Sport et culture

En plus des espaces naturels (plage, forêt, embouchure de Bouregreg, falaises…), la ville de Salé dispose d'une salle omnisport (salle couverte Fath Allah Al Bouazaoui) et des terrains de quartiers.

Pour ce qui est des équipements culturels, la ville de Salé est dotée des bibliothèques (Sbihi, grande mosquée, Mohammadia, A.Hajji), une maison de culture sise a Sala Al Jadida, un conservatoire de musique et des arts chorégraphiques, 2 club scientifique (hay Es Salam et Bettana), 3 maisons de jeune (Tabriquet, Sidi Moussa et Qariat Ouled Moussa), les salles de cinéma de Dawliz, l'école du cirque.

Vu l'histoire glorieuse et la langue tradition de la ville, les équipements culturels dont dispose la ville de Salé restent en de deçà des aspirations des Slaouis. Cependant, dans le cadre du programme de mise à niveau, une enveloppe de 84,4 millions de dirhams est destinée pour les équipements culturels et sportifs. Cette enveloppe permettra de répondre largement aux besoins de développement et d'animation sportifs et culturels.

En ce qui concerne le tissu associatif, la région Rabat Salé Zemmour Zaër regroupe à peu près 10% de tissu associatif national - quelques 364 associations de différentes thématiques/spécialités - avec 18,2% des associations qui travail sur la jeunesse du tissu associatif national, cela montre à côté des données démographiques l'importance donnée à cette catégorie des jeunes afin de les orienter les sensibiliser pour donner naissance à une génération capable d'assumer sa responsabilité et relève les défis de développement.

3. Salé : l'action associative et la dynamique de développement local

Depuis une dizaine d'années, le contexte marocain est particulièrement favorable à l'action des associations au service du développement et de l'environnement, ces dernières appartiennent à la dernière génération du mouvement associatif. Nous distinguons trois périodes essentielles : La *lère période* qui s'étend approximativement de 1958-1973 se caractérise par la création d'associations spécifiquement marocaines. La *2éme période* de 1973-1984 a connu une nette régression de l'exercice de la liberté. Il faut attendre la moitie des années 80 pour assister à une nouvelle orientation dans le développement du mouvement associatif.

Et comme la plupart des villes Marocaines, Salé connaît un grand essor de la société civil, les estimations font état de l'existence entre 4000 et 4500 associations dont certaines œuvrent dans le domaine du développement local et la jeunesse. C'est à la fin des années 80 qu'on assiste à ce foisonnement des organisations de la société civile, du fait du désengagement de l'Etat de certaines fonctions sociales (Plan d'ajustement structurel) et de l'appui des organismes internationaux en vue d'impliquer le secteur associatif.

Ces associations interviennent d'abord dans l'éducation informelle, la santé, l'aide aux catégories défavorisées puis dans les domaines de l'emploi, du soutien à la création d'entreprises du renforcement des infrastructures de base. Progressivement ces associations sont devenues des partenaires privilégiés des pouvoirs publics en matière de développement local.

Depuis une quinzaine d'année, le dynamisme de la société civile a pris un élan sans précédent dans notre ville. La vie associative a vu émerger une nouvelle génération d'acteurs non gouvernementaux capables de contribuer de façon concrète au développement local, des ONG internationales comme Enda Maghreb, Handicap International, AMSED[8] et des associations de quartiers. Ce capital social inestimable prend encore plus d'importance avec l'initiative nationale pour le développement humain (INDH), il est utile de rappeler que le développement local est l'affaire de tous.

La commune urbaine de Salé, ses arrondissements et les associations de développement se trouvant dans le territoire ont engagés depuis plusieurs années avec l'appui des ONG internationales comme ENDA Maghreb et HI, une dynamique de développement local, des habitudes de travail en synergie ont été acquises, des mécanismes de concertation ont été instaurés, des pratiques professionnelles de développement local ont été renforcées.

---

[8] Créée le 8 février 1993, AMSED Association Marocaine de Solidarité et Développement est une organisation reconnue d'utilité public, œuvre dans le domaine du développement socio-économique par le biais de programmes d'auto développement au profit des populations les plus démunies.

CHAPITRE III : PRESENTATION DES INTERVENANTS ET TRAME DE PROJET.

1. Présentation de l'entité d'accueil « CADEL »

1.1 Présentation

Le CADEL est une association créée le 23 Avril 2005 par des activistes associatifs impliqués dans la dynamique de développement local initiée depuis l'an 2000 dans le but de l'autonomiser et de promouvoir le développement dans la ville de Salé.

1.2 Principaux fondement

- ➢ La participation
- ➢ La coopération
- ➢ La concertation
- ➢ La solidarité

> **Fiche d'identité du centre**
> *Local : 859, Rue Ghafssa, secteur 8 Hay Es-Salam – Salé*
> *Tél. /fax : 037.86.30.48*
> *E-mail : cadelsale@yahoo.fr*

1.3 Mission

Le CADEL est un cadre de concertation, de mutualisation, d'orientation et d'encadrement des acteurs locaux de la ville de Salé, qui vise à contribuer au processus de développement de la ville et d'améliorer les conditions de vie des habitants en luttant contre toutes sorte de marginalisation eu d'exclusion, à travers le renforcement du rôle des associations locales ainsi que les acteurs de développement de la ville.

1.4 Objectifs stratégiques du CADEL

1- Renforcement du travail communautaire et de la concertation entre les acteurs ;

2- Renforcement du rôle des associations de développement et leur développement dans l'échiquier du développement local ;

3- Appui et renforcement des capacités et des compétences des acteurs locaux ;

4- Contribution au processus de développement (amélioration des conditions de vie des habitants et lutte contre la marginalisation) ;

5- Appui et soutien des initiatives porteuses de changement et de développement ;

6- Mobilisation des ressources nécessaires pour la dynamisation du processus de développement ;

7- Œuvrer pour le renforcement du partenariat entre les acteurs locaux d'un coté et entre ces derniers et le reste des organisations d'appui nationales et internationales.

En résumé la création du CADEL vise à mettre à la disposition des associations de Salé des compétences et de l'expertise au service de leur renforcement. La mise en place du CADEL permet d'envisager le transfert progressif des actions de renforcement des capacités et le soutien aux initiatives locales dans le respect des plans de développement locaux concertés.

1.5 Organisation de l'association

Assemblée générale : se réunie annuellement pour définir les axes stratégiques d'intervention, la politique globale du CADEL   et pour approuver le rapport moral et financier.

Le bureau exécutif : définit les plans d'actions et assure la mise en œuvre des plans d'actions et des activités de CADEL

Les membres du bureau : 5 membres du bureau bénévoles disposant d'une connaissance du territoire et réjouissant d'une expérience en matière de développement local dont le président qui supervise   et accompagne l'équipe opérationnelle à la réalisation des activités programmés ainsi que pour la mise en œuvre des tâches de gestion administrative et financière.

L'équipe opérationnelle : composée de l'animateur et de la chargée de gestion financière et administrative.

L'animateur est chargé de suivre la mise en application des plans d'action dans les activités avec les associations et les autres acteurs de développement.

Les stagiaires : participent à la réalisation des activités mené par le Centre.

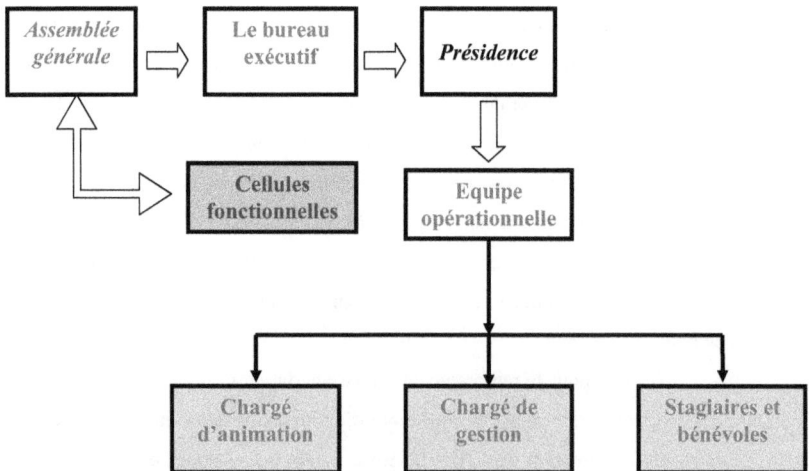

2. Présentation de La Fondation de France/bailleur de fonds.

2.1 Historique

Née en 1969 de l'idée de créer un organisme privé et indépendant qui aiderait à concrétiser des projets à caractère philanthropique[9], éducatif, scientifique, social ou culturel, **la Fondation de France** a pour vocation d'aider les personnes en difficulté en soutenant des projets concrets et innovants, qui répondent aux besoins sans cesse en évolution de la société.

Elle agit ainsi dans tous les domaines de l'intérêt général : solidarité, enfance, santé, recherche médicale, culture, environnement. Reconnue d'utilité publique, cette organisation privée et indépendante ne reçoit aucune subvention publique et ne peut distribuer ses prix, bourses et subventions que grâce à la générosité de ses donateurs (506 000 en 2006).

La Fondation de France abrite également des fondations créées par des mécènes et les conseille dans leur démarche. Au 31 décembre 2006, le nombre des fondations agissant sous l'égide de la Fondation de France était de 592, dont 57 créées par des entreprises, 429 avec dotation et 163 sans dotation. Pour promouvoir son action auprès du public et lui permettre de faire appel au don en confiance, l'association adhère au Comité de la Charte[10].

2.2 Les chiffres clés 2006

- 506 000 donateurs ;
- 592 fondations individualisées sous son égide dont 57 créées par des entreprises ;
- 77 millions d'euros pour 6 400 subventions, prix et bourses attribués ;
- 7 délégations régionales ;
- 138 salariés et 436 bénévoles.

2.3 La fondation de France en questions/ réponses.

2.3.1 Est quoi au juste la Fondation de France ?

La Fondation de France est le trait d'union entre les donateurs et fondateurs et les personnes en difficulté. Les dons reçus lui permettent d'agir pour que ces personnes vivent mieux, grâce à des solutions concrètes les mieux adaptées.

2.3.2 En quoi est-elle originale ?

La Fondation de France est originale par l'étendue de son action : chacun peut venir y choisir la cause qui le touche. Elle est originale par la diversité des moyens mis à la

---

[9] La **philanthropie** est la philosophie ou doctrine de vie qui met l'humanité au premier plan de ses priorités. Un philanthrope cherche à améliorer le sort de ses semblables par des dons en argent, la fondation ou des soutiens d'œuvres, etc., de manière désintéressée. La philanthropie s'oppose à la misanthropie.

[10] Le **Comité de la Charte** (dont le slogan est **don en confiance**) est un organisme français indépendant de contrôle des associations et fondations qui sont agréées comme membres du Comité et qui acceptent de se soumettre à son contrôle, afin d'assurer la transparence de l'usage des dons et legs dont elles sont bénéficiaires, et le respect par chacun de ses membres d'une charte de déontologie commune.

disposition des donateurs et des fondateurs pour exprimer leur générosité. Elle est originale par son expertise sociale, fiscale et juridique.

2.3.3 Que fait-elle concrètement ?

Elle soutient des initiatives locales ou nationales qui répondent aux besoins des personnes dans des domaines les plus variés : solidarités (enfants, personnes handicapées, personnes âgées), santé, recherche médicale (lutte contre la maladie de Parkinson, le cancer, etc.), culture et environnement.

2.3.4 Quel âge a la Fondation de France ?

Née en 1969, elle a près de 40 ans. Depuis sa création, la Fondation de France a évolué en permanence, inventant des solutions nouvelles pour répondre de façon adaptée aux besoins des personnes, dans une société en pleine mutation. Elle a aussi aidé à la création de plus de 800 fondations sous son égide.

2.3.5 Comment la Fondation de France identifie-t-elle les causes à soutenir ?

Grâce à son réseau national et régional et à travers les projets qu'elle reçoit, elle identifie les problèmes les plus importants auxquels il faut apporter des solutions.

Elle est accompagnée par des Comités d'experts bénévoles qui l'aident à choisir les meilleurs projets et les associations les plus innovantes partout en France.

2.3.6 Comment la Fondation de France soutient-elle ces causes ?

Quand le soutien à une cause est décidé, les associations et les laboratoires de recherche sont invités à soumettre des projets.

La Fondation de France les finance, les conseille tout au long de la réalisation des projets et en suit le déroulement. Elle tente ensuite de les faire essaimer en les faisant connaître des personnes travaillant dans le même domaine.

Initiés par la Fondation de France, les espaces santé jeunes sont des lieux d'accueil destinés aux adolescents qui y trouvent une écoute ainsi que des services de prévention et de soins. Il en existe une trentaine en France.

La Fondation de France est l'un des premiers financeurs privés de la recherche sur les maladies cardio-vasculaires en France.

2.3.7 Combien de temps chaque soutien dure-t-il ?

Cela dépend des projets, en général plusieurs années. L'approche de la Fondation de France consiste à rendre possible l'existence des projets retenus.

Auteur : EL MOUKET Abdesselam

La subvention accordée sert souvent de première étincelle pour qu'ils se développent ensuite de manière autonome.

2.3.8   Quelles sont les associations soutenues par la Fondation de France ?

Ce sont le plus souvent de petites associations locales, proches des personnes auxquelles elles viennent en aide. À travers elles, la Fondation de France favorise l'autonomie des personnes dans le long terme plutôt que des actions ponctuelles.

2.3.9   La Fondation de France ne s'occupe-t-elle que de la France ?

C'est vrai que la Fondation de France intervient essentiellement sur le territoire français. Elle est aussi active dans quelques pays à l'étranger et notamment en situation d'urgence pour aider à la reconstruction (le Tsunami en Asie du Sud, le tremblement de terre en Algérie, le cyclone Mitch en Amérique centrale...). Depuis une dizaine d'années, la Fondation de France soutient **le renforcement d'associations et le développement de partenariats entre des associations françaises et étrangères**. Entre l'Europe élargie et le **continent africain**, le cas du projet dont je participe à son montage.

2.3.10   La Fondation de France aide-t-elle les particuliers ?

Pas directement, elle agit à travers les associations. Dans certains domaines, elle attribue des bourses.

3.   Présentation de la trame de Projet

3.1   Le Programme

Dans ce programme, la Fondation de France soutient des projets montés en partenariats entre *des associations algériennes, marocaines ou tunisiennes et des associations françaises, intervenant dans les secteurs de l'enfance ou de la jeunesse.*

3.2   Contexte

Depuis une dizaine d'années, la Fondation de France soutient le renforcement d'associations et le développement de partenariats entre des associations françaises et étrangères. Entre l'Europe élargie et le continent africain, l'espace méditerranéen devient un territoire où les enjeux se durcissent, et les pays du Sud de la Méditerranée font face à plusieurs défis majeurs...

La Méditerranée est une zone de fracture entre une rive Nord, riche, mais avec un faible renouvellement de la population, et une rive Sud engagée dans la voie du développement économique et social, mais confrontée à un fort rajeunissement démographique. Dans ces régions, les jeunes représentent près des 2/3 de la population.

Pour établir de nouvelles solidarités avec nos voisins au Sud, il faut renforcer les échanges constructifs et réciproques entre communautés européennes et des rives du Sud de la Méditerranée.

La Fondation de France soutiendra, dans les secteurs de l'enfance et de la jeunesse, des projets concrets rapprochant les organisations des sociétés civiles de l'**Algérie,** du **Maroc,** de la **Tunisie** et celles de France.

3.3 Objectif général

L'objectif général est d'**améliorer la prise en charge de la jeunesse vulnérable**, dans ces pays d'Afrique du Nord et en Europe, par des échanges et un dialogue interculturel entre les rives nord et sud de la Méditerranée occidentale.

3.4 Objectifs spécifiques

Les **objectifs spécifiques** de ce programme sont de :

- promouvoir et renforcer le **développement d'initiatives communes durables,** fondées sur le respect, l'**écoute** et la **réciprocité** des échanges entre les cultures ;
- soutenir les initiatives locales et le **renforcement des partenariats** entre des associations des deux rives, projets qui visent à améliorer la prise en charge de la jeunesse ;
- soutenir les **réseaux** des petites structures intervenant dans le champ de l'enfance ou de la jeunesse, pour qu'elles puissent consolider leur action, renforcer leur impact, et accéder à d'autres réseaux et financements.

3.5 Le Projet

Titre du projet *(max. 1 ligne)***:**

Résumé du projet : *(maximum 3 lignes)*

1- *Exposé du contexte :* (2 pages au maximum)
Cette partie est très importante pour comprendre votre projet. Elle doit permettre de faire le lien entre une situation problématique et les solutions proposées.
Décrivez le contexte du projet pour votre association, vos expériences préalables, les besoins repérés, les difficultés particulières, les caractéristiques du territoire de votre projet : géographiques, démographiques, sociales, économiques, ... selon ce qui vous paraît pertinent pour comprendre votre projet.

2- Présentation détaillée du projet

• **2-1 Objectif général** *(la finalité de l'action, 2-3 lignes maximum)* :

• **2-2 Quel est le public visé par le projet ? Comment est-il repéré ou choisi ?**

Combien de personnes seront bénéficiaires ?

Merci de préciser le nombre de bénéficiaires directs et indirects, et le genre (masculin/féminin)

Bénéficiaires directs		Bénéficiaires indirects	
Filles / Femmes	Garçons / Hommes	Filles / Femmes	Garçons / Hommes

• **2-3 Objectif(s) spécifique(s)** *(1 à 3 au maximum)* :

• **2-4 Quels sont les résultats attendus ?** *(pour atteindre les objectifs)*
Résultat 1 (R1) :
Résultat 2 (R2) :
Résultat 3 (R3) :

• **2-5 Quelles sont les activités envisagées ? Comment ont-elles été déterminées ?**
Détailler et décrire les différentes activités prévues pour atteindre les résultats. Merci de préciser les activités prévues par le demandeur et pour chaque partenaire.

• **2-6 Les bénéficiaires sont-ils parties prenantes de votre projet ?**
Sont-ils associés à la définition du projet ? Comment participent-ils au projet ?

• **2-7 Y a-t-il d'autres partenaires locaux impliqués dans la mise en œuvre du projet ? Si oui, quel sera leur rôle ?**
• **2-8 Quels sont les moyens humains, matériels et financiers nécessaires à la réalisation de votre projet ?**
(Animation/gestion, traduction, équipements, locaux, déplacements, ...)
• **2-9 Quels sont les indicateurs vérifiables** *(permettant de mesurer les résultats attendus)* **?**
Indicateurs pour R1 :   Indicateurs pour R2 :   Indicateurs pour R3 :

3- *Les différentes étapes de réalisation du projet et leur échéancier*
Préciser les étapes de réalisation du projet et leurs durées respectives (insérez des lignes dans le tableau si nécessaire)

Date de démarrage du projet :

Durée totale du projet (en nombre de mois) :

De ...*(date)* à ... *(date)*	Etapes	Activités

4- *Informations complémentaires que vous souhaitez apporter*

5- *Budget prévisionnel du projet*

• **5-1 Budget prévisionnel du projet en monnaie locale**
Faire la liste des dépenses et des recettes prévues pour le projet uniquement ; les rubriques peuvent être modifiées. Ne pas hésiter à détailler le budget (rajouter des lignes dans le tableau) et à donner toutes les explications pour faciliter sa compréhension.
Merci de veiller à la cohérence des montants et de vérifier les totaux (total charges = total produits) !

Liste des dépenses ou **charges** (monnaie locale)	2008	2009	Liste des recettes ou **produits** (monnaie locale)	2008	2009
Achats de fournitures et matériels			Recettes propres ou ventes prévues par l'association pour ce projet		
Achats de services *(à détailler):*			Subventions reçues, ou déjà promises pour 2008 : *(détailler et préciser les bailleurs)* :		
- Loyer			-		
- Energie (électricité, gaz)			-		
- Entretien			-		
- ...			-		

Déplacements, per-diems			**Sous-total subv. acquises**		
Charges de personnel *(à détailler)* :			Subventions demandées pour 2008, mais non confirmées : *(détailler et préciser les bailleurs)*		
- direction			-		
- secrétariat, comptabilité			-		
- animateurs			-		
- ...			-		
- ...			**Sous-total subv. demandées**		
sous-traitants, consultants...			**Total subventions**		
Autres charges ou dépenses			Cotisations, dons		
Impôts et taxes			Autres produits *(préciser)*		
Charges financières (frais bancaires)			Produits financiers (intérêts bancaires)		
Charges exceptionnelles			Produits exceptionnels		
Total dépenses (ou charges)			Total recettes (ou produits)		
TOTAL BUDGET PROJET *(2008 + 2009)*			FINANCEMENT PROJET *(2008+2009)*		

5-2 Appréciation des contributions en nature :
Préciser, le cas échéant les différents postes (et si possible, leur chiffrage en valeur monétaire)

1. bénévolat *(nombre d'heures sur l'année)* :

2. dons en nature *(locaux, équipements, services)* :

5-3 Commentaires que vous souhaitez apporter sur le budget de votre projet.

CHAPITRE IV : LA PROMOTION DE L'ACTION SOCIOCULTURELLE A SALE, UN PROJET PORTEUR

1. Démarche de travail

Les outils de collecte des données et informations sont nombreux, en fait les interviews semi structurés[11], les focus groupes et les brainstormings nous parait les techniques les plus adaptées à notre situation pour l'identifications des besoins des populations concernées par le projet, surtout qu'on est pressé par le temps (Dépôt des documents de projet avant le 12 septembre 2008 – le mois d'août mois de congé et de repos pour les membre du centre CADEL).

La démarche suivie pour entamer les différentes étapes de ma participation dans le montage de ce projet a été faite à travers la lecture approfondie des documents d'appel à projet lancer par la Fondation de France à côté de l'équipe du CADEL, et à travers aussi l'état des lieux du groupe de travail jeunesse du comité de concertation de Tabriquet, par la suite

---

[11] Méthode d'interview caractérisée par une combinaison de questions ouvertes pré-rédigées, mais aussi de questions secondaires conçues sur le champ selon le rythme de déroulement de l'entretien. Le chercheur dispose ainsi de plus de latitude ce qui lui permet de s'adapter au contexte (environnement, personnalité du sujet, etc.).

l'élaboration d'un guide d'un interview semi structuré afin d'identifier les besoins le la jeunesse local en matière d'action socioculturelle. *Voir la Fiche Méthodologique du travail planifier tout au long du période de stage (Participation au montage du dite projet) (Annexes - Rapport intermédiaire des deux 1ères semaines de stages).*

En faute de temps, on c'est limité dans notre démarche dans le montage de ce projet sur l'interview semi structuré à l'aide bien sur des recherches bibliographiques et analyses documentaires, dans un premier temps on a élaboré un premier guide ISS concernant l'état des lieux des programmes associatifs destinés aux jeunes de la ville de Salé pour savoir les besoins et les ambitions de cette jeunesse locale, ainsi que les problèmes qui la rencontre, et ses causes.

Par la suite on c'est rendu compte dans une réunion de travail avec Mr Dounia Abdelkader[12] qu'on est trop loin de notre objectif, et qu'il faut préciser ce qu'on veut, les programmes associatifs destinés aux jeunes c'est un sujet trop vague, il faut descendre un petit peu en bas, il faut aller au spécifique et au générale en même temps, et après un beau temps de travail et de concertation avec Mr le Président et le reste de l'équipe du centre on c'est fixé le choix de l'animation socioculturelle comme thématique de notre projet et sa promotion comme objectif global (voir guide n°2 à propos de l'ASC).

Guide N°1 : à propos des programmes associatifs des jeunes :

Questions :

1. D'après votre emplacement en tant qu'acteur associatif et en tant qu'un homme de terrain qui a souvent l'habitude de travailler avec et pour la jeunesse associative, pouvez-vous nous **décrire la situation actuelle** de cette dernière à Salé? **(Besoins, obstacles, problèmes, causes...)**

2. Comment voyez vous les **programmes associatifs élaborés et destinés** à cette catégorie?

3. D'après votre expérience, comment pouvez vous **contribuer et soutenir** cette jeunesse afin de la rendre créative, productive, capable de s'intégrer dans la société, d'assumer la responsabilité, de prendre les décisions et de gagner son autonomie? (surtout *la jeunesse vulnérable*)

4. Qu'est ce que vous proposez comme programmes associatifs adéquats pour cette jeunesse ?

---

[12] Président du centre CADEL.

Guide N°2 : à propos de l'ASC (l'animation socioculturelle):

Questions :

1. D'après votre emplacement en tant qu'acteur associatif et en tant qu'un homme de terrain qui a souvent l'habitude de travailler avec et pour la jeunesse associative, pouvez-vous nous **décrire la situation actuelle** de l'action socioculturelle à Salé**? (Besoins, problèmes, causes, effets,…)**

2. Les associations culturelles capable-t-elles de **créer une dynamique socioculturelle** dans la ville ?

3. Comment peuvent elles c'est-à-dire les associations **d'aspect socioculturel** faire adhérer et participer les jeunes en situation difficile afin de **promouvoir l'action socioculturelle** ?

4. D'après vous **quelles sont les alternatives et les solutions à suggérer** ? et quels sont les types de motivations à adopter pour qu'on puisse **contribuer à la promotion de l'action socioculturelle à Salé** ?

2. Déroulement de travail

Après avoir mit l'accord sur la promotion de l'action socioculturelle comme objectif global et axe de travail du projet à monter, on c'est orienté vers le travail de terrain afin de commencer les ISS avec les personnes ressources et les acteurs associatifs actifs de la ville de Salé pour commencer la collecte des données et informations qui vont nous servir dans l'identification des besoins, savoir la situation actuelle de l'action socioculturelle dans la ville, et après la confection du cadre logique[13] comme résultat du travail sur terrain.

Les personnes ressources interrogées font partie du groupe de travail jeunesse du Comité de Concertation de Tabriquet (CCT) qui regroupe une trentaine d'associations qui travaillent sur la jeunesse, ainsi que des personnes ressources d'autres associations à savoir l'AMEJ (Arrondissement Tabriquet), l'Association Bouregreg (Arr. Bettana), Association Futur pour l'Environnement et le Développement (Arr. Tabriquet), et Association Nahdat Al Hay (Arr. Bab Lamrissa).

---

[13] Le cadre logique est un outil dont l'utilisation vise une bonne formulation de projet. Il constitue un outil de gestion qui spécifie les différentes composantes d'un projet. Il permet aussi de présenter et d'expliquer de façon brève, le but, les objectifs, les résultats, les activités, les moyens nécessaires, les indicateurs, les sources et les méthodes de vérification.

3. Présentation des résultats

3.1 L'animation socioculturelle, qu'est ce que c'est que ?

L'**animation socioculturelle** participe à l'amélioration de l'environnement local, met sur pied des évènements, propose des activités et contribue à mener à bien des projets.

Elle a pris son essor avec la mise en place de l'Éducation populaire.

Ce n'est pas la nature de l'activité qui définit l'animation, sa spécificité réside dans le fait que les participants aux diverses activités établissent entre eux des rapports dont découlent pour eux des bénéfices : l'activité elle-même, le développement personnel et le renforcement de leur réseau de sociabilité.

L'animation socioculturelle permet donc le développement des relations sociales de ceux qui y participent et l'augmentation de leur autonomie. Elle ne se définit donc pas uniquement par des activités dont on pourrait dresser la liste, ni par un degré d'implication de l'animateur professionnel. Elle se déroule tant à l'intérieur qu'à l'extérieur des centres de vacances ou de loisirs.

On peut cependant distinguer différents domaines d'actions où l'animation socioculturelle joue un rôle important :

Domaine de l'événementiel,

Domaine de la prévention,

Domaine des vacances et des loisirs.

3.2 Constat

D'après tout les ISS réalisés, on a pu constater que la majorité des personnes interrogées (100%) sont pour le domaine de l'ASC comme élément de base pour la promotion de l'action socioculturelle dans la ville de Salé, et par conséquent un véritable appui aux programmes associatifs des jeunes.

On a pu constater aussi qu'il y a un manque en matière formation dans les spécialités et domaines suivants :

➢ L'événementiel et l'organisation des festivals, des manifestations culturelles et sportives, des journées d'études, des tables rondes et des chantiers de jeunes ;

➢ Les techniques de l'ASC, la communication, et la Dynamique de groupe ;

➢ La concertation, la gouvernance locale, le montage de projet ;

> Les principes de base du théâtre, de poésie, de peinture et de sculpture ;

> La planification stratégique.

Il y a un manque aussi en ce qui concerne la formation des jeunes dirigeants, et la formation des cadres associatifs en leadership et dans l'art de la gestion associative.

L'absence d'une vision claire de l'ASC chez un grand nombre d'associations de la ville quand à elle pose un grand problème dans la vie associative et constitue un entrave pour la pérennité d'un bon nombre d'associations de la ville, et pousse ainsi les jeunes à ne pas continuer dans ce domaine.

A la fin de ce modeste mémoire vous allez trouver un **CDROM** ci-joint, qui contient les enregistrements des différents ISS réalisés, ainsi que les images des moments forts tout au long de la période du stage.

Pochette de CDROM :

3.3 Trame de cadre logique

	Logique d'intervention	Indicateurs Objectivement Vérifiable	Sources de vérification	Hypothèses
Objectif Global	*La promotion de l'action socioculturelle au niveau de la ville de Salé.*			
Objectifs Spécifiques	**1.** Améliorer les services rendus par les associations en matière d'animation socioculturelle ; **2.** Renforcer les capacités des jeunes associatifs ; **3.** Libérer les capacités intellectuelles et artistiques de la jeunesse associative.	**1.** Nombre d'audience assistée aux activités d'animations socioculturelle ; **2.** 45 animateurs formés en matière d'ASC. **3.** 70% des jeunes ciblés par le projet sont capables d'animer des activités associatives (Colonies de vacances, compétitions sportives, sorties éducatives, chantiers de jeunes)	➤ Fiche d'évaluation ; ➤ Listes de présence des participants au cours des périodes de formations ; ➤ Rapports du CADEL ➤ Listes des inscrits aux colonies de vacances, compétitions sportives, sorties éducatives (Bénéficiaires)	➤ Les politiques des ministères tutelles favorisent et encouragent la réalisation de ces activités ; ➤ La conscience de la société civile de l'importance de l'action socioculturelle dans la promotion de la citoyenneté et à la participation pour la gestion de la chose publique.
Résultats Prévus	**1.** Les associations membres du groupe de travail jeunesse du CCT sont bénéficiées de la formation sur l'ASC. **2.** Les associations membres du GTJ du CCT maîtrisent les techniques	**1.** A la fin de projet au moins 80% des associations membres de groupe de travail jeunesse du CCT sont formés en animation socioculturelle. **2.** A la fin de projet au moins 80% des associations	➤ Listes de présence des participants au cours des périodes de formations ; ➤ Rapports CADEL ➤ Rapports des ateliers de vulgarisation organisés par les	➤ L'engagement des acteurs locaux et leurs consciences de l'importance favorise la promotion de la citoyenneté et à la participation pour la gestion de la chose publique.

Auteur : EL MOUKET Abdesselam

	d'ASC. **3.** La jeunesse associative de la ville de Salé est encadrée dans le domaine de l'ASC.	membres de groupe de travail jeunesse du CCT maîtrisent les techniques d'ASC. **3.** A la fin de projet au moins 80% de la jeunesse des associations membres de groupe de travail jeunesse du CCT sont encadrés dans le domaine de l'ASC.	associations bénéficiaires de la formation ; ➤ Certificats et attestations de reconnaissance délivrées par les ministères tutelles ; ➤ Fiche d'évaluation des formations.	*Conditions préalables :* ➤ *L'adhésion des bénéficiaires ;* ➤ *Engagement des partenaires ;* ➤ *Disponibilité des moyens Humains Matériels et Financiers*
Activités	**1.** Rencontre avec les acteurs locaux afin de les pousser de s'engager dans ce processus ; **2.** Formation sur les techniques d'animation socioculturelle et la communication ; **3.** Formation en organisation des manifestations et festivals culturels (événementiel), en montage projet d'aspect culturel, et sur la dynamique de groupe ; **4.** Formation sur les principes de base du théâtre, la poésie, la peinture et la sculpture ; **5.** Organisation d'un chantier au profit des bénéficiaires ; **6.** Visites auprès de deux centres culturels (Centre Français et de l'Arabie Saoudite) et la maison de culture de Rabat ville ; **7.** Organisation d'un voyage culturel à Ifrane au profit des bénéficiaires.	*Moyens :* ➤ *Humains* ➤ *Matériels* ➤ *Financiers*	*Coût :* *Montant Global du Projet en Monnaie Nationale.*	

Pour conclure, ce projet consiste à promouvoir la participation des jeunes dans les projets de développement local à la ville de Salé, par la perfection d'outils et de moyens adéquat (Forums des jeunes, groupe de travail jeunesse, mise en place d'une charte d'éthique des jeunes de Salé pour le développement), par la formation des cadres associatifs en matière d'activité socioculturelle (Dispenser des formation en dynamique de groupe, aux techniques de l'animation socioculturelle comme moyen d'intégration des jeunes et de prévention contre les fléaux sociaux).

Le projet s'inscrit dan la créativité d'une dynamique de développement centré engagé à la ville de Salé depuis une décennie en collaboration avec H.I. le centre d'appui au développement local (CADEL), les services publics déconcentrés les assemblées élues et devers acteurs de développement local.

La dite dynamique qui a réussit à mettre sur place une commission de coordination scindé en groupe de travail et qui a réalisé d'importants projets sur le territoire de Salé place la question de la jeunesse parmi les choix stratégiques à même de réaliser les principes de la participation et de la démocratisation.

Le groupe de travail jeunesse du CCT, composé d'une trentaine d'associations et représentants des instances déconcentrées et décentralisées constitue un espace privilégié à Salé pour la réalisation de notre projet à savoir la promotion de l'action socioculturelle dans la ville.

CONCLUSION

1. *Etat des lieux et contraintes*

Tout au long du période de stage, tout les moyens et logistiques étaient disponible, ainsi que le travail à côté d'une équipe professionnelle était parmi les indicateurs forts de ma réussite dans mon stage au sein de cet organisme, et le faite d'être motorisé m'a facilité la tache surtout dans le travail du terrain (sorties, déplacement et visite auprès des personnes ressources et associations cibles).

La période de stage (du 1er au 31 juillet) coïncide avec la période de préparation des associations qui travail sur l'enfance, la jeunesse et l'animation socioculturelle pour les festivités de l'été tels que les festivals de chant, music, les colonies de vacances au profits des enfants et adolescents ainsi que les chantiers des jeunes, et il y a même des associations qui partent déjà le 1er juillet en colonies de vacances, ce qui nous a minimisé le nombre des personnes ressources à interroger (la réalisation des ISS) à savoir Mr Ahmed Ould Lkaïd (Directeur du maison de jeunes Tabriquet, le Président du Centre International de vacances - Tamares à Casablanca, et cadre national dans le secteur de formation des cadres des colonies de vacances et centres de loisirs), Mr Kassem Taouil (Président de l'association Nahdat Al Hay pour l'Environnement et le Développement – Pôle Associatif dans la localité de Sidi Moussa, Arrondissement Lamrissa).

Mon engagement avec l'équipe du CADEL pour la réussite dans cette expérience incomparable et unique, m'a poussé d'assumer la responsabilité (se responsabiliser), prendre les initiatives, veiller au bon déroulement du stage, contribuer à la bonne marche des activités et festivités et les autres projets en cours de réalisation au sein du centre.

Malgré ces difficultés rencontrées sur le terrain, les entretiens (ISS) que j'ai pu réaliser se sont passés dans des conditions de convivialité, de confiance, d'intérêt et de respect mutuel.

2. *Difficultés dans le déroulement du stage*

Parmi les difficultés rencontrées tout au long da la période de mon stage, qui a duré un mois « du 1er au 31 juillet 2008 », je citerai le fait que :

➢ J'aurais préféré que les responsables du centre CADEL me prennent des rendez-vous avec les personnes ressources pour me faciliter la tâche, et pour ne pas perdre du temps.

➢ J'aurais préféré faire les visites de terrain en compagnie de l'équipe du CADEL, ce qui me faciliterait les tâches tracées sur mon canevas de travail, et aussi me permettrait d'être en situation de contrôle (Recevoir les observations, les critiques sur la méthode de réalisation des ISS sur place).

3. *Synthèse*

Les bailleurs de fond qui se trouve au niveau local fournissent des efforts considérables pour venir à bout d'un ensemble de projets dans la ville de Salé, que ce soit par leur contribution dans le financement des projets ou par les sessions de formation au mode de gestion des projets au profit de certaines associations porteuses de projets. Ils ont donc réussi à mettre en place un ensemble de projets à grande utilité socio-économique, et jouissent d'un grand respect de la part de la population bénéficiaire. Néanmoins, il me semble primordial qu'elle élargisse son domaine d'intervention pour répondre aux besoins multiples et croissants de la population surtout dans le domaine de l'animation socioculturelle.

Certes, l'appui aux programmes associatifs des jeunes a une grande importance pour le développement local dans une ville émergeante comme la notre, une ville millionnaire à l'horizon 2020, une ville ou l'associatif règne et demeure déterminant dans la prise de décision politique et social d'une part, et d'autre part il représente la voie unique et le seul capable de faire sortir, faire venir et rassembler les jeunes des endroits vulnérables et précaires a fin de développer leur autonomie les rendre actifs, créatifs et les réinsérer dans leurs environnements natales.

En revanche, le choix des types de projets à monter reste le point de départ et la clef de réussite pour chaque projet, et tout ça à travers une démarche participative (Approche Participative) basée sur la responsabilisation des acteurs locaux et sur la transparence, et cela par toutes les formes de contribution et essentiellement en terme du savoir et du savoir faire.

BIBLIOGRAPHIE

1. *Webographie*

(Site web sources de informations et recherches documentaires)

➢ *http://www.idrc.ca/fr/ev-43055-201-1-DO_TOPIC.html*

➢ *http://www.injep.fr/Animation-socioculturelle-2001.html*

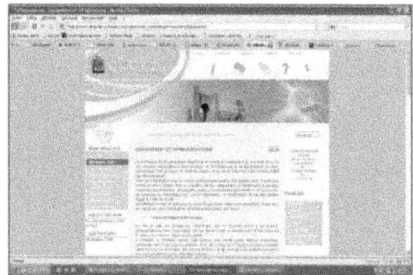

➢ *http://www.fdf.org/jsp/site/Portal.jsp?page_id=52*

➢ *http://www.villedesale.com/index.php?option=com content&task=view&id=20&Itemid=29*

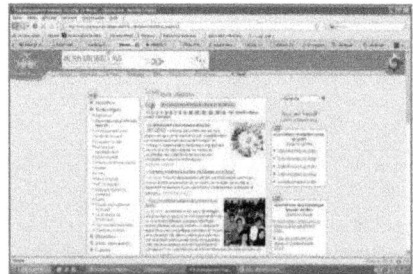

➢ *http://www.handicapinternational-maroc.org/projet1.htm*

➢ *http://www.tanmia.ma/rubrique.php3?id_rubrique=150&debut_page=10*

Appui aux programmes associatifs des jeunes

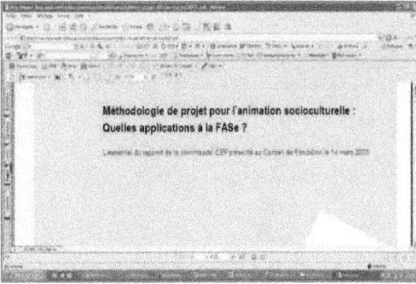

> *http://www.fase-web.ch/ftp/documentspublics/documents/docu-projet-diffuse-cep-oct2005.pdf*

> *http://fr.wikipedia.org/wiki/Animation_socioculturelle*

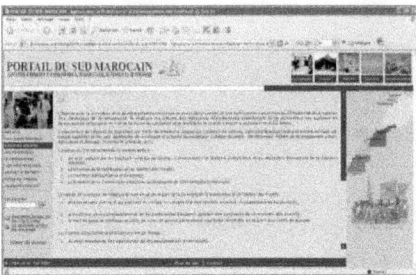

> *PORTAIL DU SUD MAROCAIN - Agence pour la Promotion et le Développement des Provinces du Sud du Royaume - La vie de l'Agence – Présentation*

> *Agence pour la Promotion et le Développement du Nord*

2. Ouvrages et Recherches Universitaires

> Boîte à outils de Développement Social, Contribution à la mise en oeuvre de l'INDH, « *Gestion de Développement local ; Module N°1* », p.37 www.social.gov.ma.

> Boîte à outils de Développement Social, Contribution à la mise en oeuvre de l'INDH, « *Outils d'Intervention Sociale ; Module N°3* », p.79-80 www.social.gov.ma.

> Ensemble pour un développement humain, « *Pour une Politique de Développement Social Intégré* », Mission d'appui du PNUD au Ministère du Développement Social de la Famille et de la Solidarité, Février 2003.

> Haut Commissariat au Plan (recensement 2004)

> **YODA BLAISE, 2004** - *Montage et gestion participative de projets de développement rural : Outils et Méthodes d'Intervention* - Mémoire de 3ème Cycle en agronomie, Ecole Nationale d'Agriculture de Meknès (ENA), Meknès.

➤ Projet tutoré « *Identification des besoins des Associations Pour le Renforcement des Capacités* » *au centre* **CADEL,** *Réalisé par Y. Moutaouakil, A. Hamoutami, K. Derkaoui, B. El Moutaqi. Encadré par Mr Abdelkader Dounia Président du CADEL et Mr Taoufik Daghri Tuteur Universitaire, soutenu le 20 Juin 2008, la Filière Licence Professionnelle « Agent de Développement Social », FSJES de Salé, Année Universitaire 2007/2008.*

➤ **AROCENA J.,** 2002 - *L'avenir des régions et la problématique sociale -* Conférence de l'Association de Sciences Régionales de Langue Française, Montevideo, l'Uruguay

➤ **BOUKHARI M.,** 1998 - *Quelle organisation pour quelle participation ? –* In (http://membres.lycos.fr/boukharih) DSVP, ENA, Meknès.

➤ **BOUKHARI M.,** 1997 - *Guide pour la réalisation du diagnostic global rapide et participatif (DIGRAP) –* In (http://membres.lycos.fr/boukharih), DSVP, ENA, Meknès.

➤ **BOUKHARI M.,** 1994- *Systémique du développement durable et participatif –* In (http://membres.lycos.fr/boukharih), DSVP, ENA, Meknès.

➤ **HAFID T.,** 2003 - *Essai d'élaboration d'un manuel des approches, Méthodes, outils et concept de développement rural -* Mémoire de 3ème Cycle en agronomie, Ecole Nationale d'Agriculture de Meknès (ENA), Meknès.

➤ **HAMMANI L.,** 1997 – *Le diagnostic pour l'élaboration de Programme de développement locale et régional –* Mémoire de 3ème Cycle en agronomie, Ecole Nationale d'Agriculture de Meknès (ENA), Meknès.

➤ **MORIZE J.,** 1992 - *Manuel pratique de vulgarisation agricole –* vol.1, le technicien d'agriculture tropicale, Maisonneuve et Larose, Paris

➤ **MORIZE J.,** 1992 - *Manuel pratique de vulgarisation agricole –* vol.2, le technicien d'agriculture tropicale, Maisonneuve et Larose, Paris

ANNEXES

1. Comptes rendus

1.1 Rapport des deux 1ères Semaines du Stage : Du 1er au 15 Juillet 2008

جامعة محمد الخامس السويسي
Université Mohammed V - Souissi
Faculté des Sciences Juridiques
Economiques et Sociales
Salé

CADEL
مركز دعم التنمية المحلية
Centre d'Appui au Développement Local

La Licence
Professionnelle المهنية
Agent de Développement Social

Rapport des deux 1ères Semaines de Stage
Du 1er au 15 Juillet

Nom et prénom : EL MOUKET Abdesselam
Centre d'accueil : *Centre d'Appui au Développement Local* (CADEL)
Durée de stage : Du 1er au 31 Juillet 2008

> **Thématique de stage :** « *Participation au Montage d'un projet d'Appui aux programmes Associatifs des Jeunes à Salé* »

Encadré par :

- *Tuteur Professionnel :*

  Mr Abdelkader DOUNIA Président Du CADEL

- *Tutrice Universitaire :*

  Mme EL MOUJADDIDI Noufissa

Année Universitaire 2007 / 2008

Comme c'est déjà mentionné la thématique de mon stage est la « *Participation au Montage d'un projet d'Appui aux programmes Associatifs des Jeunes à Salé* », ce travail s'articule sur le volet théorique acquis tout au long de la période de la formation « licence professionnelle Agent de Développement Social » au sein de la faculté (surtout les matières gestion projet, approches de développement local et techniques d'animation et intégration), ainsi que sur l'expérience pratique acquise tout au long du projet tutoré, tout cela sera traduit durant ce mois de stage afin de réaliser ce travail que je souhait qu'il soit à la hauteur attendue.

Durant ces quinzaines de jours j'ai effectué deux réunions de travail avec Mr DOUNIA Abdelkader, dans la 1ère qui date le *01er juillet 2008 à 9h du matin*, on a mis l'accent sur le planning de travail à suivre tout au long de la période de stage, pour la 1ère semaine on s'est mis d'accord sur la visite générale et la consultation des documents du CADEL, et documents « Comité de Concertation de Tabriquet » CCT afin de connaître de déroulement de travail et activités au sein du centre CADEL.

Pour la 2ème semaine on s'est mis d'accord sur la réalisation des recherches bibliographiques et analyses documentaires pour la compréhension du thématique et pour avoir plus d'informations sur la population cible, la localité du travail, les ressources, le savoir et le savoir faire des acteurs associatifs locaux qui travail sur le thème « jeunesse et développement local » et intervenants.(Vous allez trouver à en fin du rapport la fiche méthodologique du stage qui résume les activités à entreprendre tout au long de ce stage au sein du CADEL).

La 2ème réunion avec Mr DOUNIA Abdelkader et le reste de l'équipe du CADEL (Mr ES SADKI Abdelouahed l'Animateur du Centre, Mlle LAZRAK Halima) date le *09 Juillet 2008 à 16h15 l'après-midi.*

Cette réunion a portée sur :

➢ L'état d'avancement du stage et les objectifs atteints tout au long la période passée (du 1er et 8 juillet 2008) ;

➢ Le choix de **l'Appui à l'Animation Socioculturelle** au profit de la jeunesse des associations locales qui travaillent sur ce thème comme étant le principal sujet du projet à monter ;

➢ La détermination les activités à entreprendre pour obtenir les résultats escomptés afin d'atteindre les objectifs spécifiques souhaités pour contribuer à la réalisation de l'objectif global du projet qui est la ***promotion de l'action socioculturelle*** à travers l'appui à l'animation socioculturelle ;

➢ Confection du cadre logique.

Et pour conclure, la participation dans le montage d'un tel projet comme celui là - même si la durée d'un mois de stage n'est pas suffisante- va me permettre d'acquérir une expérience assez importante pour ce lancer dans le professionnalisme souhaité.

N.B. : Le travail tout au long de cette période ce fait avec l'animateur du centre CADEL Mr ES-SADKI Abdelouahed. (Travail de groupe)

Fiche Méthodologique de stage

Durée	Activités	Objectifs
La 1ère semaine	Visite générale et consultation des documents du CADEL, et documents « Comité de Concertation de Tabriquet » CCT	Connaître le déroulement et l'état des lieux des projets et des activités du CADEL et les groupes de travail et le rôle du comité de pilotage du CCT.
La 2ème semaine	Recherches bibliographiques et analyses documentaires et compréhension du thématique	Avoir plus d'informations sur la population cible, la localité du travail, les ressources, le savoir faire des acteurs associatifs locaux qui travail sur le thème « jeunesse et développement local » et intervenants.
La 3ème semaine	Réalisation : ➢ Des interviews semi structuré avec des personnes ressources de la ville ; ➢ Des focus groupes, et des brainstormings avec le groupe de travail « Jeunesse » du CCT qui regroupe une trentaine d'associations qui travail sur l'axe jeunesse à la ville de Salé.	➢ Assurer la participation concertée de ce groupe de travail dans l'élaboration et le montage de ce projet à travers la transcription des causes, problèmes, besoins, et solutions proposées afin de cerner la problématique de la jeunesse associative, et mettre les mains sur les sources du mal et concevoir des programmes associatifs adéquats ; ➢ Maîtriser les outils de montage de projets ;
La 4ème semaine	➢ *Rédaction des documents du projet (Trame de Projet) ;* ➢ *Rédaction du rapport de stage de fin d'études.*	➢ Evaluation du travail fait au sein du CADEL par Mr DOUNIA, et mettre en valeur des efforts fait au cours de stage ; ➢ Etre capable de s'adapter avec l'environnement professionnel.

Signature

EL MOUKET Abdesselam

1.2 Rapport des deux 2ème Semaines du Stage : Du 16 au 31 Juillet 2008

جامعة محمد الخامس السويسي
Université Mohammed V - Souissi
Faculté des Sciences Juridiques
Economiques et Sociales
Salé

CADEL
مركز دعم التنمية المحلية
Centre d'Appui au Développement Local

الإجازة المهنية
la licence
Professionnelle
Agent de Développement Social

Rapport des deux dernières semaines de stage
Du 16 au 31 Juillet

Nom et prénom   : EL MOUKET Abdesselam
Centre d'accueil   : *Centre d'Appui au Développement Local* (CADEL)
Durée de stage   : Du 1ᵉʳ au 31 Juillet 2008

> **Thématique de stage :** « *Participation au Montage d'un projet d'Appui aux programmes Associatifs des Jeunes à Salé* »

Encadré par :

- *Tuteur Professionnel :*

  Mr Abdelkader DOUNIA Président Du CADEL

- *Tutrice Universitaire :*

  Mme EL MOUJADDIDI Noufissa

Année Universitaire 2007 / 2008

Durant ces dernières quinzaines de jours de travail sur le terrain et au sein du Centre d'Appui au Développement Local « CADEL », j'ai effectué deux réunions de travail avec Mr DOUNIA Abdelkader, et son équipe, la 1ᵉʳᵉ date le *25 juillet 2008 de 11h à midi*, la 2ᵉᵐᵉ date le *28 juillet 2008 de 11h30 à 13h.*

La 1ᵉʳᵉ réunion a portée sur :

➢ L'état d'avancement de diagnostic participatif basé sur les recherches bibliographiques et analyses documentaires et sur les interviews semi structuré réalisé avec des personnes ressources et acteurs associatifs de la ville de Salé afin d'évaluer l'état de la localité en matière infrastructures socioculturelle, les acteurs locaux, les supports pédagogiques, les obstacles posés, les formations et encadrements à adopter pour renforcer l'existant, et pour définir et concevoir les activités à mener pour le montage de notre projet.

➢ Les résultats du cadre logique à savoir l'objectif global, les objectifs spécifiques et les résultats prévus à travers les activités proposés pour mettre en places notre projet « La promotion de l'action socioculturelle de la ville de Salé ».

Réunion de travail du lundi 28 Juillet 2008, avec l'équipe du CADEL.

La 2ème réunion a portée sur :

➢ L'état d'avancement et la confection du reste du ***dossier de demande «Appel à Projet»*** de la parte de l'équipe du centre CADEL à savoir :

- ➢ **Présentation de l'association ;**
- ➢ **Le partenaire principal ;**
- ➢ **Antériorité du partenariat ;**
- ➢ **Autres partenariats ;**
- ➢ **Objet statutaire du centre CADEL**
- ➢ **Quels sont vos grands principes d'intervention ?**
- ➢ **Décrivez vos activités générales**
- ➢ **Organisation de l'association**
- ➢ **Comptes financiers du demandeur**
  - *1- Comptes de résultat 2007 et budget 2008 ;*
  - *2- Appréciation des contributions en nature*
    - Bénévolat
    - Dons en nature

N.B.

➢ Le travail tout au long de cette période ce fait avec l'animateur du centre CADEL Mr ES-SADKI Abdelouahed. (Travail de groupe)

➢ Afin de mener une dernière lecture du projet, avant de l'envoyer au comité d'attribution des projets (CAP), on a prolongé un délai de la 1ère semaine de septembre 2008 pour valider la version finale du projet pour l'envoyer au CAP.

Signature

EL MOUKET Abdesselam

2. *Champs d'intervention du CADEL*

A ce niveau le CADEL se bat en s'accordant aux efforts de l'Espace Associatif pour consolider et renforcer l'esprit de proposition et de négociation des associations et établir un système de plaidoyer auprès des institutions.

Un système de proposition émanant des associations capable de faire modeler le contenu de la «Charte Communale» en faveur des intérêts partagés avec l'environnement institutionnel et reformuler les aspects juridiques qui peuvent entraver ultérieurement le processus de développement concerté dans la ville de salé.

Et avec la même volonté, le CADEL cherche une institutionnalisation de la concertation, le but c'est de laisser à la portée des associations, pour Les années qui viennent, un cadre juridique adéquat et adaptable aux changements et aux mutations économiques, sociales et surtout politiques.

Le renforcement des capacités des associations et l'une des occupations du CADEL à travers un encadrement et un appui des programmes de propositions des plans d'action fiable.

Le dispositif de concertation élaboré à l'arrondissement de Tabriquet contribue favorablement au développement local à travers la comité de concertation à Tabriquet, crée et nommée auparavant «Cellule de coordination Technique», qui assure un espace de dialogue entre acteurs pour le développement d'une vision partagée du territoire, ce dispositif actuellement en cours d'institutionnalisation au niveau de l'arrondissement de Tabriquet s'est doté d'une charte signée par trente trois acteurs en 2005.

2.1 *Organigramme et Fonctionnement*

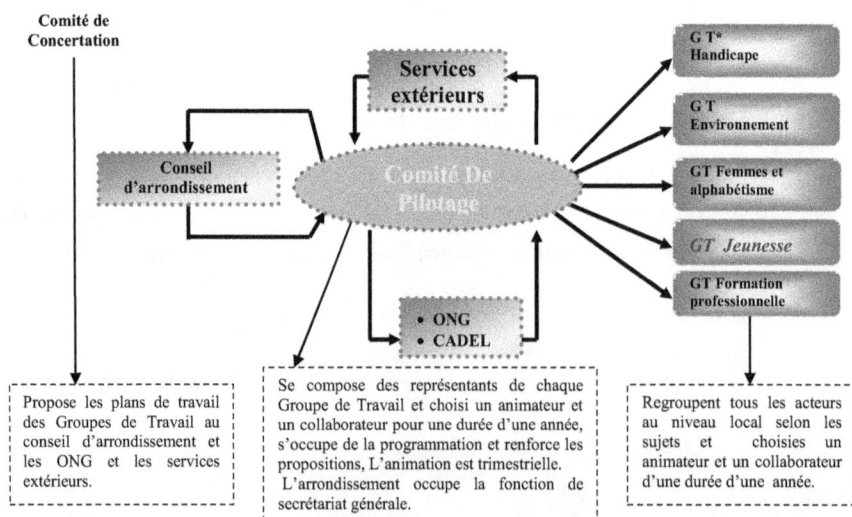

Comité de Concertation

Services extérieurs

Conseil d'arrondissement

Comité De Pilotage

• ONG
• CADEL

G T* Handicape

G T Environnement

GT Femmes et alphabétisme

GT Jeunesse

GT Formation professionnelle

Propose les plans de travail des Groupes de Travail au conseil d'arrondissement et les ONG et les services extérieurs.

Se compose des représentants de chaque Groupe de Travail et choisi un animateur et un collaborateur pour une durée d'une année, s'occupe de la programmation et renforce les propositions, L'animation est trimestrielle. L'arrondissement occupe la fonction de secrétariat générale.

Regroupent tous les acteurs au niveau local selon les sujets et choisies un animateur et un collaborateur d'une durée d'une année.

3.   Les Interviews Semi Structurés

L'objectif des entretiens semi structurés est d'obtenir les points de vue, les réflexions et les observations de personnes qui ont :

- Une connaissance particulière ;

- Un statut particulier ; ou

- Qui disposent d'informations auxquelles l'enquêteur ne peut avoir accès par d'autres moyens.

Ce type d'interview suppose l'utilisation d'un **guide d'entretien**. Il s'agit d'une liste écrite de questions ou de thèmes qui devront être couvert pendant l'entretien. L'ordre et la formulation des questions peuvent cependant varier d'un participant à l'autre. Si l'enquêteur peut suivre des indices et les nouveaux thèmes qui se présentent tout au long de l'entretien, le guide comprend aussi un ensemble d'instructions claires concernant les principales questions à poser ou thèmes à sonder.

Les types d'entretiens semi structurés utilisant des guides d'entretiens sont les suivants :

3.1 Entretiens approfondis/ciblés

Les entretiens approfondis, contrairement à des entretiens de nature plus exploratoire étudient avec plus d'intensité un thème donné. Le but de l'entretien approfondi ou ciblé est d'arriver à une connaissance aussi complète et détaillée que possible du thème en question. Les entretiens approfondis comprennent les guides d'entretiens semi structurés et supposent une exploration au préalable suffisante du thème étudié afin de dégager les questions pertinentes qui s'y rapportent.

3.2 Etudes de cas

Le but des études de cas est de collecter des informations complètes, systématiques et approfondies sur des cas présentant un intérêt particulier. Un cas peut être une personne, un événement, une école, un programme, une organisation, une période de temps ou une communauté. L'étude de cas cherche à décrire l'unité de manière approfondie et dans le détail, dans le contexte et de manière globale. Les études de cas sont particulièrement utiles quand le chercheur doit comprendre des individus particuliers, des problèmes ou des situations de manière très approfondie ou lorsqu'il s'agit de cas riches en information qui permettront d'éclairer judicieusement le phénomène étudié.

3.3 Histoire de vie

Les histoires de vie (biographies) sont généralement collectées sur un grand nombre d'entretiens longs (non structurés et semi structurés). Les histoires de vie sont souvent recueillies et présentées de façons à rapprocher les abstractions de la description ethnographique à la vie des personnes. Les histoires de vie sont sujettes aux problèmes de représentativité, car les gens prêts à raconter leurs vies aux chercheurs ne sont pas toujours typiques de leur communauté. Les histoires de vie peuvent être néanmoins utiles pour examiner les valeurs générales, les aspects présentant des intérêts culturels et les perceptions des relations sociales. Il est conseillé d'utiliser les histoires de vie comme matériel d'explication et d'exemple conjointement avec d'autres types de données qui ont été collectées de manière plus représentative.

3.4 Avantages des entretiens semi structurés

L'utilisation d'un guide d'entretien signifie que le chercheur a choisi d'utiliser au mieux le temps qui lui est alloué pour mener l'entretien. Ceci est particulièrement approprié lorsque les participants sont des personnes qui utilisent leurs temps de manière efficace et qui ne sont peut être pas prêtes à passer du temps à entretenir une conversation de tous les jours avec les chercheurs. Le guide d'entretien montre que vous savez ce que vous voulez obtenir de l'entretien, mais que vous êtes assez souple pour suivre des nouveaux indices qui se présentent. De plus, étant donné que les mêmes questions sont posées à chaque participant, les données de ces entretiens sont plus faciles à systématiser.

3.5 Limites des entretiens semi structurés

L'élaboration d'un guide d'entretien exige suffisamment de temps pour une exploration au préalable du thème, afin de savoir quelles sont les questions ou les thèmes qui doivent être couverts.

3.6 Entretiens structurés ou systématiques

Les entretiens structurés exposent tous les participants d'un échantillon aux mêmes questions (c'est à dire que l'on pose exactement la même question à chaque participant).

4. Animation sociale des quartiers

L'animation sociale des quartiers est un programme national réalisé par le Ministère du Développement Social, de la Famille et de la Solidarité et l'Entraide nationale. C'est un programme qui vise à améliorer le bien-être social dans les quartiers défavorisés.

Ce programme d'animation a lieu les samedi et dimanche, les jours fériés et les vacances scolaires. Il est appelé à se généraliser aux quartiers et communes rurales ciblées dans le cadre de l'Initiative Nationale pour le Développement Humain (INDH).

2.1 OBJECTIFS

➢   Encourager les groupes sociaux à mieux vivre ensemble, à s'épanouir, à s'écouter, à s'exprimer, à désirer s'informer et à participer à l'édification d'une société solidaire.

➢   Favoriser la création, le développement et le renforcement du lien social en vue de consolider la cohésion sociale.

➢   Favoriser la liberté d'expression des individus et les encourager à se regrouper selon leur besoins ou leurs centres d'intérêt.

➢   Développer les capacités et les compétences de chacun.

➢   Développer l'esprit d'initiative, l'autonomie, la responsabilité, la créativité et le bien-être social

➢   Développer la citoyenneté, renforcer la cohésion sociale et la solidarité.

2.2 PROGRAMME D'ACTIVITÉS

2.2.1   Activités d'éveil

Ce sont des activités éducatives qui permettent aux enfants de passer du ludique à l'instructif, à travers des ateliers d'arts plastiques, des ateliers d'animation scientifique et technique et des ateliers d'activités manuelles. Ces activités permettent l'apprentissage de nouvelles techniques, la découverte de jeunes talents et le développement de la créativité.

2.2.2   Activités récréatives et ludiques

A travers des ateliers d'expression corporelle, des animations clown, des ateliers musique et des matinées récréatives, le divertissement, un passe-temps apprécié des enfants et des jeunes, devient une activité d'apprentissage qui développe l'imagination et l'esprit d'équipe.

2.2.3   Animation culturelle

La Halka, les contes traditionnels et les soirées folkloriques sont le meilleur moyen pour valoriser le patrimoine et les coutumes de chaque région. Des campagnes de sensibilisation thématiques intégrées dans ce programme d'animation sociale favorisent l'éducation à la citoyenneté, à la santé et à l'environnement.

2.2.4   Animation sportive

Des tournois dans différentes disciplines sportives permettent de promouvoir l'esprit d'équipe, le divertissement, la lutte contre l'oisiveté, le développement de l'activité sportive et la création d'équipes de quartiers. Des tournois de jeux de société (échecs, jeu de dames, Monopoly…) permettent également le divertissement.

2.2.5   Expositions et festivals

Des expositions et des foires solidaires seront organisées afin mettre en valeur les artistes en herbe, les produits du terroir et les productions des centre d'éducation et de formation de l'Entraide nationale.

TABLE DES MATIERES

www.ingramcontent.com/pod-product-compliance
Lightning Source LLC
Chambersburg PA
CBHW021609210326
41599CB00010B/667